Meyfarth/Prieser
Nicht nur die Höhe verändert sich

Ulrike Meyfarth/Uwe Prieser

Nicht nur die Höhe verändert sich

Von Olympia nach Olympia, zwölf Sommer Einsamkeit

Econ Verlag
Düsseldorf · Wien

Bildquellen

Sven Simon, Essen (1), Umschlagfoto vorn
W. Tillmann, Frechen (1), Umschlagfoto hinten
Deutsche Presseagentur, Frankfurt (4)
Horstmüller, Düsseldorf (9)
Privatarchiv U. Meyfarth (2)
Stern, Hamburg (2)
Sven Simon, Essen (4)
W. Tillmann, Frechen (6)
Werek, München (1)

2. aktualisierte Auflage 1984
Copyright © 1984 by Econ Verlag GmbH, Düsseldorf und Wien
Alle Rechte der Verbreitung, auch durch Film, Funk und Fernsehen, fotomechanische Wiedergabe, Tonträger jeder Art, auszugsweisen Nachdruck oder Einspeicherung und Rückgewinnung in Datenverarbeitungsanlagen aller Art, sind vorbehalten.
Gesetzt aus der Garamond der Fa. Hell
Satz: Dörlemann-Satz, Lemförde
Papier: Papierfabrik Schleipen GmbH, Bad Dürkheim
Druck und Bindearbeiten: Ebner Ulm
Printed in Germany
ISBN 3 430 16665 9

Inhalt

Die Idee 7

- I. Der 4. September 13
- II. Trainingstage 27
- III. Zweifel 43
- IV. Markenartikel 53
- V. Hungerzeit 69
- VI. Übergröße 79
- VII. Montreal 87
- VIII. »Mitmenschen« 99
- IX. Tiefpunkt 113
- X. Leistungsfabrik 123
- XI. Rivalität 137
- XII. Wettkampf und Psychologie 145
- XIII. Der Boykott 163
- XIV. Öffentlichkeit 173
- XV. Einsichten 183
- XVI. Zum letzten Mal 195
- XVII. Schluß-Stück 199

Erfolgskurve 206
Weltrekord-Entwicklung 207

Die Idee

Mittwoch, 10. August 1983, Helsinki. Vormittags. Wir sitzen auf dem Trainingsplatz des Athletendorfes im Gras. Am Abend zuvor war die Hochsprung-Entscheidung bei dieser ersten Weltmeisterschaft in der Leichtathletik gefallen. Alle sprechen jetzt vom nächsten Duell Bykowa–Meyfarth bei den Olympischen Spielen in Los Angeles. Es ist heiß. Der Sommer scheint gar kein Ende zu nehmen. Es ist ein bißchen komisch, hier zu sitzen und an Los Angeles zu denken. Vor ein paar Monaten war das noch gar nicht vorstellbar gewesen. Die Karriere Meyfarth war im Kopf zu Ende gegangen. Es schien keinen Sinn zu geben, sie noch fortzusetzen. Nun aber steht das Ende fest: noch einmal Olympia in Los Angeles. Aber nicht, um unbedingt noch einmal Olympiasiegerin zu werden. Darauf kommt es gar nicht mehr an, sondern ...

Man müßte das eigentlich mal richtig alles von Anfang an erzählen. Was es gebracht hat und was es gefordert hat. Und wie sich immer wieder die Bedeutungen verändert haben. Nicht nur die Höhe. Ich wäre selbst neugierig, was dabei rauskommt.

Mach's doch. Dies ist sowieso die beste Zeit für dich, deine Geschichte zu erzählen. Dein Sportstudium ist zu Ende, dein Beruf hat noch nicht angefangen. Höhen und Tiefen, das alles liegt hinter dir, und zugleich stehst du noch mittendrin.

Willst du nicht lieber die Geschichte schreiben. Du warst doch dabei; außerdem ist es dein Beruf.

Besser, du erzählst selbst. Schließlich hast du es gelebt.

Darum kann ich es ja gerade nicht selbst erzählen. Beim Erzählen stehe ich draußen, und ich müßte über mich schreiben, wie über eine andere Person.

Macht doch nichts. Du erfindest dich eben. Jeder erfindet sich selbst, wenn er seine Geschichte erzählt. Er kann gar nicht anders. In seiner Geschichte entdeckt er sich. Und wenn sie zu Ende ist, weiß er mehr von sich, als er wissen konnte, während sie sich abgespielt hat. Das ist ja der Trick.

Ich will mich aber nicht erfinden. Ich will bloß erzählen, wie es war. Außerdem ist schon genug über mich erfunden worden. Erzähl du doch. Und was du noch nicht weißt, das erzähl' ich dir.

Also gut. Da bist du, deine Sportwelt, deine Eltern, deine Freunde und dieser ganze Stoff, der zum Leben gehört, deine Hoffnungen, Freuden, Erfolge, Enttäuschungen, Rückschläge, Ängste. Und deine Medaillen, besonders die eine von damals. Deine Popularität, das Geld und die sportlichen Ideale. Wie das alles zusammengehört, aber auch, wie es gerade nicht zusammengehört. Und daß es manchmal viel und manchmal fast nichts bedeutet. Wenn ich das alles erzählen soll, muß ich dich auch erfinden. Sonst bist du in deiner Geschichte am Ende bloß ein biographischer Fall, aber kein lebendiger Mensch.

Es soll doch ein Sachbuch werden.

Na und? Es gibt genug Sachbücher, die wie Romangeschichten klingen. Und diese ist sogar wahr.

Also du machst es, ja?

Und wenn wir es beide machen? Ich werde den Leuten von dir erzählen, ohne groß darüber nachzudenken, ob das nun wirklich deine Geschichte ist. Vielleicht wirst du nicht alles richtig finden, wie ich es erzähle. Oder ich werde von Augenblicken und Gegenständen erzählen, die dir ganz unwichtig sind und die du schon längst vergessen hast. Darum mußt du deine Geschichte noch einmal selbst dazu erzählen oder auch dagegen. Wenn wir aufrichtig sind und genau, werden die Leute am Ende schon aus beidem die richtige Geschichte erfahren. Einer alleine kann ja doch nicht erzählen, wie es wirklich gewesen ist.

Schön. Aber sag mal?

Ja?

Weshalb sollen wir das eigentlich machen?

Stell dir mal vor, du hättest mit sechzehn schon gewußt, was noch alles auf dich zukommen würde durch den Olympiasieg. Oder du hättest, wenn dein Leben anders verlaufen wäre, diese Erfahrungen alle nicht gemacht.
Dann hätte mir vieles gefehlt.
Und du hättest dafür andere Erfahrungen gehabt.
Jetzt habe ich aber diese, und ich wollte nicht auf sie verzichten. Außerdem habe ich eine Menge gelernt. Schon allein vom Sport und von meinem Körper. Wie man trainiert, wie man sich belasten kann und wann man sich belasten muß und wann man sich nicht belasten darf – und daß mein Körper sein eigenes Recht hat, gegen das ich nicht verstoßen darf. Aber das ist nur ein kleiner Teil. Wie man mit Erwartungen zurechtkommt, mußte ich lernen, den eigenen, aber auch denen der anderen. Wie man überhaupt mit Menschen zurechtkommt. Auf einmal sind es so viele, und man weiß nicht, wie man sich verhalten soll. Und vor allem, wie man mit sich selbst zurechtkommt. Wenn man gewonnen oder verloren hat. Immer mit sich selbst, und wenn noch so viele Menschen dabei sind.
Klingt doch beinahe wie'n Roman.
Wenn ich nur schon das Ende wüßte.
Die guten Romane dürfen kein Happy-End haben. Vielleicht ist das aber auch bloß eine Erfindung der Literaten.
Zum Glück schreiben wir ja ein Sachbuch.
Eben. Die Beschreibung einer Sportlerkarriere. Aber eigentlich ist das gar nicht wahr.
Jedenfalls ist es mein Leben in den letzten zwölf Jahren. Das wichtigste war aber nicht der Sport. Bloß, wenn man den Sport darin wegläßt, ist auf einmal vieles andere, das wichtig ist, auch nicht mehr da. Aber hör mal, das versteht doch kein Mensch.
Darum müssen wir es ja erzählen. Also.
Halt. Die Leute werden fragen, wieso gerade du meine Geschichte miterzählst.
Ich bin Reporter. Außerdem schreibe ich seit 1975 regelmäßig Geschichten über dich.
Da haben wir uns kennengelernt.

Was mir die Geschichten leider erheblich erschwert hat.

Damals warst du wütend, weil ich dir kein Interview geben wollte.

Gar nicht deshalb, sondern weil du ein paar Wochen später einem albernen Massenblatt ein albernes Interview nicht ausgeschlagen hast.

Das ging dich doch gar nichts an.

Ging es doch.

Ging es nicht.

Hör mal, diese Frage gehört gar nicht hierher. Die gehört schon in deine Geschichte, aber nicht ins Vorwort.

Dann laß uns doch endlich anfangen. Die Geschichte...

... die Beschreibung einer Geschichte

> von und mit und durch
> Ulrike Meyfarth
> und für und wider dieselbe von
> Uwe Prieser

I. Kapitel
Der 4. September

»Ich habe diesen Tag verflucht.«

Irgendwann hatte der Film angefangen, und ich hatte aufgehört, etwas zu fühlen. Das war ich, die da unter der Hochsprunglatte stand. Die Latte lag so hoch über meinem Kopf, wie sie noch nie gelegen hatte, und ich sollte jetzt da rüberspringen. Noch nie hatte ich mich vor dem Sprung unter die Latte gestellt, aber ich dachte, du mußt dich jetzt an diese Höhe gewöhnen. Ich hatte überhaupt keine Angst.

Das war mein Name, der da an der Anzeigetafel immer höher rutschte und jetzt schon an zweiter Stelle stand. Hinter der Bulgarin Jordanka Blagojewa, aber vor Ilona Gusenbauer, der Weltrekordlerin. Die Zuschauer riefen immerzu meinen Namen. Meyfarth – Meyfarth. Es war ein schönes Gefühl, daß sie meinen Namen riefen. Aber das Gefühl war sehr weit weg, und es kam mir vor, als sähe ich mir einen Film an, in dem ich überraschenderweise selbst mitspielte. Ich hatte überhaupt keine Angst, daß ich etwas falsch machen könnte. Bloß verwundert war ich, daß alles so leicht war.

Die Latte lag jetzt auf einsneunzig, und ich hatte schon eine Medaille gewonnen. Ich weiß nicht mehr, ob ich mich schon über die Medaille freute. Jedesmal, wenn ich eine Höhe geschafft hatte, freute ich mich, und für einen Augenblick riß der Film, und ich hörte den Krach im Stadion und war unheimlich glücklich, weil sich soviel Menschen mit mir freuten; aber dann fing der Film gleich wieder an. Wenn ich zur Tribüne hochschaute, sahen die Menschen aus, als hätten sie nur Köpfe und keine Körper, aber man konnte überhaupt kein Gesicht erkennen.

Es war dunkel geworden. Das Flutlicht leuchtete. Auf der

Stadionuhr sah ich, daß es nach halb sieben war. Das sagte mir nichts; überhaupt hatte ich kein Gefühl für die Zeit, nur für diese zwei Minuten, die mir für jeden Sprung zur Verfügung standen, nachdem die Kampfrichter mich aufgerufen hatten.

Der Stadionsprecher sagte meinen Namen, und ich hörte die Zuschauer applaudieren, und ich dachte, die klatschen jetzt für dich; aber es machte mir nicht viel aus, weil es immer noch im Film war. Dann stand ich vor meinem Anlauf. Auf einmal war es vollkommen still im Stadion. So still, daß man eigentlich Angst bekommen mußte. Ich sah bloß noch die Hochsprunglatte, und ich wollte da gerne rüber. Nicht, weil ich jetzt unbedingt Olympiasiegerin werden wollte, sondern weil es ganz normal war. Ich dachte daran, daß jetzt die zwei Minuten für meinen Sprung ablaufen würden, und dann war alles nur noch eins, ich und der Film, und ich wollte bloß noch über die Latte kommen. Und nichts bewegte sich mehr in dem Film; bloß ich.

*

Immer, wenn ich sie dort vor dem Schreibtisch sitzen sehe, frage ich mich, was sie wohl gerade für Erfahrungen macht. Im Sitzen und wenn ihr Rücken über den Tisch gebeugt ist, sieht Ulrike gar nicht mehr so groß aus. Sie hat damit begonnen, ihre Geschichte aufzuschreiben. Ob es eine glückliche Geschichte sein wird, weiß sie selbst noch nicht. Sie hatte zuviel damit zu tun gehabt, diese Geschichte zu leben.

Es ist November. Wenn sie hochschaut, sieht sie die Bäume im Garten steif und naß im Nebel stehen. Zweihundert Meter weiter verläuft oberhalb der Baumwipfel, von Brückenpfeilern getragen, die rechtsrheinische Autobahn nach Düsseldorf und nach Köln. Morgens ist das Summen der Autoreifen das einzige Geräusch. Das Summen hört niemals auf, auch nachts nicht. Weit hinter der Autobahn ragen zwei Schornsteine der Bayer-Werke in die Luft. Der Himmel sieht jetzt jeden Morgen aus wie Kreidestaub, und die Rauchfahnen steigen steif und hart durch den Dunst. Es ist nicht schwer, sich vorzustellen, daß dies alles bloß gemalt und gar nicht wirklich ist. Fünf Wochen noch, und Ulrikes letztes Jahr als Hochspringerin wird angefangen haben.

Dies ist ihre dritte Wohnung. Die erste, die ich ganz nach meinem eigenen Geschmack eingerichtet habe, sagt sie. Wochenlang habe sie auf dem Boden geschlafen und überall hätten Kisten herumgestanden, bis sie nach und nach die Möbel gefunden habe, die ihr gefielen. Aber jetzt bin ich hier wirklich zu Hause. Wahrscheinlich wird sie bald wegziehen müssen, irgendwann, wenn die Olympischen Spiele in Los Angeles vorüber sind und ihr neues Leben anfängt. Sie weiß noch nicht, wohin. Am liebsten bliebe sie erst einmal hier. Mein neues Leben, sagt Ulrike manchmal. Vorstellen kann sie es sich aber noch nicht. Sie hat noch zuviel mit dem Lebensabschnitt zu tun, der nun zu Ende geht.

Eigentlich müßte es eine glückliche Geschichte werden. In der Geschichte, die Ulrike aufschreibt, kommen sehr viele erfüllte Wünsche vor. Die erfüllten Wünsche für sich allein genommen, lassen ihre Geschichte beinahe wie ein Märchen klingen. Beinahe, denn man weiß ja, daß es sich um eine wahre Geschichte handelt, und weil sie wahr ist, ist es unmöglich, die erfüllten Wünsche für sich allein zu betrachten. Als Ulrike mit dem Aufschreiben anfangen wollte, sagte sie: Was mir bloß alles einfallen wird! Zu dem Gesicht, das sie dabei zeigte, hätte auch ein anderer Satz gepaßt: Was mir in meiner Geschichte bloß alles zustoßen wird! Man denkt, es liegt alles hinter einem und könne einem nichts mehr anhaben. Doch soviel weiß sie jetzt schon, daß sie auf Versäumnisse stoßen wird, auf Fehler, die sie gemacht hat, auf Ärgernisse, denen sie ausgewichen ist. Bis jetzt befanden sich die Menschen, Ereignisse und auch sie selbst in dieser Geschichte in einem Schwebezustand. Bestimmt stoße ich auch auf Enttäuschungen, sagte Ulrike und fing noch nicht zu schreiben an. Von nun an wird ihre Geschichte festgelegt sein. Glaubst du, daß man eine Geschichte, ich meine, ob sie glücklich oder nicht glücklich gewesen ist, von ihrem Ende her beurteilen kann? fragte sie noch. Sie verzichtete auf die Antwort und hat angefangen.

Wie der Tag begann, der mein Leben veränderte, weiß ich nicht mehr. Nur, daß ich leicht und frei war von Problemen, von Erwartungen, Erfolgsdruck. Wir drei Hochspringerinnen, Renate Gärtner, Ellen Mundinger und ich, frühstückten zusammen. Nichts war wichtig an diesem Morgen, das Wichtige kam ja erst am Nachmittag. Ich hatte mehr als sonst beim Frühstück gegessen, denn der Wettkampf sollte schon um halb drei anfangen, und das hieß, daß wir mittags nicht mehr viel essen durften, um den Magen und den Kreislauf nicht unnötig zu belasten.

Die Blagojewa und die Gusenbauer hatten die einsneunzig beim erstenmal nicht geschafft. Ich hatte im ersten Versuch ebenfalls gerissen. Die Zuschauer hatten gepfiffen, und ich wunderte mich. Doch irgendwie schienen mich die Pfiffe nichts anzugehen. Aus dem Block, wo meine Mannschaftskameraden saßen und die Trainer und Funktionäre vom Deutschen Leichtathletik-Verband und Doktor Assenmacher, mein Arzt, riefen sie immerzu meinen Namen. Plötzlich sah ich meinen Bundestrainer aufspringen und mit den Armen fuchteln, doch ich wußte nicht, was das sollte, und fand es auch nicht komisch, obwohl es bestimmt komisch ausgesehen hatte. Trotzdem winkte ich zurück. Irgendwo dort oben mußte mein Vater sein. Ich war nicht gerade stolz, daß ich es nun so weit geschafft hatte, aber ich freute mich, daß mein Vater da oben saß und alles miterlebte. Meine Mutter und mein Bruder Wolf-Dieter würden jetzt zu Hause vor dem Fernseher sitzen, und bestimmt würde auch mein Trainer Günter Janietz dasein. Ich dachte, die feiern bestimmt; aber eigentlich konnte ich mir überhaupt nicht vorstellen, wie es bei uns zu Hause gerade sein würde.

Auf Ilona Gusenbauer und Jordanka Blagojewa achtete ich nicht mehr besonders. Später erzählte man mir dann, bei ihnen sei es genauso still im Stadion gewesen wie bei mir. Renate Gärtner und Ellen Mundinger waren schon lange ausgeschieden und saßen die ganze Zeit über bei mir, und nach jedem Sprung fielen sie mir stürmisch um den Hals, und die Kampf-

richter grinsten, und es war alles Wirklichkeit, aber doch nicht ganz.
 Dann stand ich vor meinem zweiten Versuch über einsneunzig. Wieder zischte es im Stadion, bevor es ganz still wurde; als ob Luft aus einem prallen Ballon entwichen und alle Luft jetzt in mir wäre, und ich fühlte mich unheimlich leicht.

*

In der Lötzener Straße ist es an Wochentagen genauso ruhig wie an den Wochenenden; ausgenommen, Bayer Leverkusen hat ein Bundesliga-Heimspiel, denn das Stadion ist bloß ein paar Minuten entfernt. Die Straße ist so schmal, daß zwei Autos kaum aneinander vorbeikommen. Es lohnte sich aber nicht, sie zur Einbahnstraße zu machen.
 Das Haus Nummer sechs, wie alle hier von einem kleinen Garten umgeben. Von der Straße sieht man schon den mit Kunststoffwänden verkleideten Balkon im zweiten Stock. Hier ist Ulrike zu Hause. Der Balkon liegt nach Norden. Bis auf die Wäscheleinen sieht er sehr unbenutzt aus. Ich brauche Licht und Sonne, sagt Ulrike, naja, wer braucht das nicht. Manchmal im Juni sitzt sie abends hier draußen, aber im Sommer ist sie sowieso oft nicht zu Hause. Der Balkon macht es nicht, aber die Gegend. Hier hab' ich meine Ruhe. Die Nachbarn sind freundlich, niemand rennt mir die Bude ein. Von ihrem Fenster kann sie auf das Trainingsgelände des TuS 04 Leverkusen blicken; jenseits der Autobahn liegt das Bayer-Werk. Sie hat ihre Welt im Blickfeld. Zum erstenmal ist ihre Wohnung Mittelpunkt dieser Welt.
 Wenn du das nächstemal nach Leverkusen kommst, habe ich auch meinen neuen Sekretär, er wird gerade noch aufpoliert. Jetzt steht der Kirschbaum-Sekretär an der Stirnseite ihres Wohnzimmers, und wenn sie in ihrem Sessel sitzt, den Sekretär zur Rechten und links in der Ecke am Fenster die hohe Bauernvitrine mit den großen Glastüren, dann kann sie sich so sicher und geschützt fühlen wie unter Großmutters Schürze, egal, was Großmutter für Sorgen hat.

Die Medaillen und Pokale sind alle bei ihren Eltern in Wesseling, im Kinderzimmer. Neben Ulrikes Schreibtisch hängt ein Druck von Toulouse-Lautrec. Ist das Bild nicht schön, fragt sie, dabei weiß ich gar nicht, weshalb ich es so schön finde. Ich muß mich wirklich mal mehr um die Dinge kümmern, die mich interessieren. An der Längswand ihres Wohnzimmers hängen sechs Bilder, bei zweien weiß Ulrike ebenfalls noch nicht, was das Besondere an ihnen ist. Die anderen vier hat sie selbst gemalt. Zwei Basketballspieler beim Korbwurf in Kreide, eine hingetuschte Turnerin mit Ball, ein Eisschnelläufer, der in seiner blauen, verlaufenden Tusche so schnell und dynamisch aussieht, wie Ulrike selbst beim Anlauf immer sein möchte. Lauter Menschen, die sich bewegen. Bewegung ist doch mit das Wichtigste, sagt sie.

Auf dem flachen Bücherregal in der Ecke neben dem Kirschbaum-Sekretär steht die Plastik einer Hochspringerin, den Rücken über die Latte gebogen; darüber hängt eine Stickerei, die ein indonesischer Bauern-Breughel gemacht zu haben scheint; eine einen halben Meter große Handpuppe aus Djakarta starrt zu den in Silberbronze gegossenen Bremer Stadtmusikanten hinüber. Erinnerungen an Menschen und Orte. Hier ist für Ulrike die Zeit beweglich. Oder sie steht still. Ganz wie sie es will.

*

Der Vormittag ging schnell vorbei. An den Wettkampf hatten wir kaum gedacht. Bloß ein paar organisatorische Fragen stellten sich, zum Beispiel die nach einer Luftmatratze für den Nachmittag im Stadion. Wir hatten sie dann von den Zehnkämpfern geholt. Ziellos bummelten wir durch das olympische Dorf, das wir kaum kannten, weil wir erst zwei Tage vor unserem Wettkampf aus einem dreiwöchigen Trainingslager in Schongau nach München gekommen waren und nur nach der Eröffnungsfeier eine Nacht dort verbracht hatten. Das Dorf gefiel uns, es gab da Wasserspiele, eine internationale Einkaufsstraße, in der viele Athleten aus vielen LändernAnstecknadeln ihrer Länder tauschten. Ich war ärgerlich, weil ich nie die richtigen Nadeln zum Tauschen hatte und überhaupt viel weniger Nadeln als die anderen, und ich hätte so gerne bei diesen Geschäften mitgemacht. Olympia erlebt man meist ja nur einmal im Leben.

Bei unserem Spaziergang durch die Grünanlagen machten wir uns über einen ungarischen Hochspringer lustig, der aus dem Gehen heraus immer wieder seinen Absprung imitierte und dabei jedesmal mitten in der Bewegung abbrach, wie ein Aufziehmännchen, bei dem die Feder abgelaufen ist. Wir drei verstanden uns gut, und es gab keine Rivalität zwischen uns, obwohl ich Renates deutschen Rekord um einen Zentimeter auf einsfünfundachtzig verbessert hatte und doch die Jüngste war. Renate Gärtner hatte vor zwei Jahren den deutschen Frauenhochsprung wieder an die internationale Klasse herangeführt, doch damals hatte ich noch nicht besonders darauf geachtet.

Mir fiel ein, daß meine Klassenkameradinnen im Gymnasium Rodenkirchen jetzt Unterricht hatten, und auf einmal war ich unheimlich froh, hier zu sein, obwohl mir vor dem Nachpauken von vier Wochen Unterricht manchmal graute. Es war schon mein zweiter großer internationaler Wettkampf, denn im Jahr zuvor war ich bei der Europameisterschaft in Helsinki dabeigewesen. Dort hatte ich die Qualifikation nicht geschafft, und Renate war Sechste geworden.

Niemals wieder bin ich vor einem wichtigen Wettkampf so abgelenkt gewesen. Das olympische Dorf war voll von fremden Gesichtern, Gewändern, Frisuren, Farben, und ich schaute und war erstaunt und war aufgeregt. Meinen Hochsprung hatte ich darüber fast vergessen. Ich freute mich schon auf den Tag danach, wenn ich endlich Zeit haben würde, auf Entdeckungsreise zu gehen.

So zwischen zwölf und eins sind wir dann ganz ruhig und fröhlich zum Olympiastadion rüber. Das waren bloß ein paar Minuten zu Fuß. Die ersten Springerinnen begannen bei einssechsundsechzig. Ich fing bei einseinundsiebzig an und kam ganz leicht rüber. Und irgendwann fing dann der Film an.

Jordanka Blagojewa riß ihren letzten Versuch über einsneunzig. Auf einmal fing der Film wie verrückt an zu rasen und raste an mir vorbei, und ich blieb stehen und war erstaunt und war erschrocken – und war doch unheimlich frei. Fotografen rannten auf mich zu, Reporter. Ein Mikrofon, Blitzlichter, viele Mikrofone, auch die Menschen auf den Tribünen schienen jeden Augenblick auf mich zulaufen zu wollen.

Ich war Olympiasiegerin.

Alles, was ich heute über diesen Augenblick und über mein Gefühl sagen kann, klingt unecht. Es sind immer die falschen Worte. Einen Augenblick lang war alles weg, und ich war auch weg, aber zugleich war ich ganz da. So ähnlich war es gewesen.

Ich war nun ganz allein im Wettbewerb. Der Film war zu Ende, aber ich fühlte mich immer noch ganz leicht und wunderte mich, wie einfach das alles gewesen war. Die nächste Höhe durfte ich nun selber bestimmen, und ich ließ einszweiundneunzig auflegen. Das war der Weltrekord von Ilona Gusenbauer. Alles, was darüber lag, war mir nicht ganz geheuer. Natürlich hätte ich auch auf einsdreiundneunzig gehen können, um den Weltrekord alleine zu haben, aber ich dachte doch nie, jemals so hoch springen zu können. Bis zu diesem Tag war ich nicht höher als einsfünfundachtzig gesprungen, und ich war doch erst sechzehn.

Als ich die einszweiundneunzig geschafft hatte, ging alles wieder von vorne los. Sie rannten auf mich zu, und die Zuschauer schrien, und ich stand da, und es war unheimlich schön. Wenn ich etwas hätte denken können, hätte ich wohl gedacht, daß ich jetzt glücklich bin. Aber ich dachte nichts. Ich war es bloß.

*

An der Wand neben ihrem Schreibtisch hängt eine Pin-Wand mit Fotos. Ulrike lachend, Ulrike beim Hochsprung, Ulrike mit Patenkind, zwischen Freunden, Ulrike in Israel und Neuguinea, und immer gut gelaunt. Auch auf dem Foto mit Jordanka Blagojewa, die ihr gerade ein Autogramm aufs Gipsbein schreibt. Das war ein paar Wochen nach dem Olympiasieg. Ich hatte einen durchgetretenen Fuß. Jordanka war bei uns zu Hause, und dann kamen die Fotografen und wollten unbedingt dieses Foto machen.

Auf einmal sah Ulrike auf dem Foto nicht mehr so fröhlich aus. Wie eine Geschichte wirklich gewesen ist, erzählen solche Fotos sowieso nicht. Das Arbeitszimmer ist zugleich Eßzimmer. Nebendran, hinter einem schmalen Durchlaß, ist ja gleich die Küche. Die ist so klein, daß Ulrike darin nicht umfallen könnte. Wenn du hier nicht immer gleich abwäschst, gibt es das reinste Chaos. Zum Glück brauche ich fast nie zu kochen.

Es geht auf halb elf. Sie sitzt noch und arbeitet. Eigentlich sollte sie schon beim Training sein. Auf dem Tisch die Reste des Frühstücks à la Ulrike: zwei entleerte Calcium-Ampullen, eine aufgebrochene Vitamin-Ampulle, die die gleiche Substanz enthält, mit der die Drohnen im Bienenstock ihre Königin füttern. Zwei Kapseln mit Blütenpollen, ein Streifen Knoblauch-Kapseln, die den Vorzug haben, sich erst im Magen aufzulösen, so daß sie nicht jeden Tag mit einer Knoblauchfahne durch die Gegend laufen muß. Ein Streifen Magnesium-Tabletten, die allgemein Erschöpfungszuständen vorbeugen sollen. Ein Fläschchen mit Kieselsäure-Gel zur Stärkung der Abwehrkräfte und zur Knochenbildung. 20 Milliliter Calcium täglich. Der Blutcalciumspiegel steht in enger Beziehung zum gesamten Stoffwechselsystem und trägt mit zum Umbau und zur Erhaltung der Körpersubstanzen und zur Aufrechterhaltung der Körperfunktionen bei. Dies alles sind Beigaben zu ihrem Hauptgericht; Müsli aus Weizenflocken mit Rosinen, Trockenpflaumen, möglichst schön durchgeweicht in Milch. Und wenn es kein Müsli gibt, dann gibt es dunkles Vollkornbrot und Wurst und Käse, aber niemals Brötchen oder Honig und Marmelade. Bloß nichts Süßes, denn bei Zucker scheidet die Bauchspeicheldrüse Insulin aus, und Insulin senkt den Blutzuckerspiegel, und was passiert dann? Man bekommt gleich wieder Hunger. Hochsprung geht eben auch durch den

Magen, und in jedem Fall kommt die Leistung über das Blut. Das Blut, das alles regelt, alles beherrscht. Nur die Erinnerung nicht.

*

Wieder im olympischen Dorf. Nacht. Schon lange Nacht. Ich war allein und konnte nicht einschlafen. Heute wäre ich in einer solchen Situation bestimmt in die Disco gegangen. Die Leichtigkeit, die ich während des Wettkampfes gehabt hatte, war auch nicht mehr da, und mein Kopf war schwer, und ich wäre gerne eingeschlafen, um Ruhe zu haben in meiner Freude.

Meinen Vater hatte es auch nicht in seiner Münchner Unterkunft gehalten, er war jetzt auf dem Wege nach Hause, und ob meine Mutter und Wolf-Dieter wohl schlafen konnten? In dem Durcheinander fühlte ich, daß etwas geschehen war und daß es sich nicht rückgängig machen ließe. Dabei konnte ich mir nicht vorstellen, daß nun ein neues Leben für mich begänne, und doch hatte dieser Erfolg und die Anteilnahme so vieler Menschen mir ein Gefühl gegeben, daß in meinem Leben nun etwas anderes, Neues, etwas Größeres beginnen würde. Aber ich konnte mir keine Vorstellung davon machen.

Heute weiß ich, daß ich glücklich war.

Die Zuschauer waren bis zum Schluß im Stadion geblieben. Mir war vollkommen bewußt, daß mich jetzt Millionen Menschen anstarrten, und ich nahm mir vor, auf keinen Fall oben auf dem Siegespodest zu heulen oder überhaupt mir was anmerken zu lassen. Vorher hatte ich mich noch geärgert, weil die Friseuse meine Haare für die Medaillenzeremonie nach außen geföhnt hatte und nicht nach innen, und als ich zum Interview für das DDR-Fernsehen mußte, hatten sie mir einen viel zu roten Lippenstift auf den Mund geschmiert.

Bei der Siegerehrung habe ich dann ganz stur auf die Masten geschaut, an denen die Fahnen hochgezogen wurden. Bloß keine Gefühlsäußerung, wo es so viele Menschen ganz nahe mitbekommen konnten. Meine Mutter sagte später, so ein Gesicht hätte sie bei mir vorher noch nie gesehen. Nach der Siegerehrung war wieder ein Höllenlärm im Stadion, und ich mußte winken und wollte winken und wußte gar nicht, wohin ich zuerst winken sollte. Und ich mußte immerzu meine Medaille herzeigen, und Heide Rosendahl nahm mich in den Arm, und mein Vater sah ganz mitgenommen aus. Wenn ich mir heute Bilder anschaue, auf denen ich die Medaille vorzeige, finde ich, daß ich darauf ganz anders aussehe, als ich mich in Wirklichkeit gefühlt hatte. Viel zu ruhig.

Danach kamen die Interviews bis spät in den Abend. Bei der Sportschau überreichten sie mir einen riesigen Rosenstrauß vom Bundeskanzler. Ich war ganz begeistert und sagte: »Danke, Herr Bundeskanzler.« Hinter den Kulissen wollten sie sich schier umbringen vor Lachen; auch mein Vater, und ich verstand nicht, wieso die so lachten.

Irgendwann bin ich doch eingeschlafen. Am nächsten Morgen fühlte ich mich wie gerädert und war doch unheimlich froh. Ich wachte auf und war Olympiasiegerin. Als ich zum Frühstück ging, hörte ich die Nachricht.

Zuerst begriff ich die Nachricht ebensowenig, wie ich am Abend zuvor meinen Sieg begriffen hatte. Das ging einfach nicht in meinen Kopf. Ein Kommando palästinensischer Terroristen hatte die israelische Mannschaft überfallen und Geiseln genommen. Ich spürte, daß dieses Attentat nicht von meinem Olympiasieg zu trennen war, aber ich konnte keinen klaren Gedanken darüber fassen. War die Olympiade jetzt vorbei? Wie konnte die denn noch weitergehen? Ich war die letzte Siegerin im Olympiastadion vor dem Attentat. Wir hatten alle Angst, daß noch Schreckliches passieren konnte. In meiner Angst spürte ich aber auch eine merkwürdige Erleichterung: Jetzt achtete niemand mehr auf mich. Konnte ich mich über meinen Sieg überhaupt noch freuen? Das war aber bloß so ein Gedanke, der kam und verschwand, und ich wußte auch keine Antwort. Ich dachte: Wieso die Israelis? Eigentlich können die doch nur berühmte Leute kidnappen, irgendwelche besonderen Olympiasieger, und auf einmal fiel mir ein, daß ich auch so ein besonderer Olympiasieger war.

Manchmal denke ich heute darüber nach, daß mein Olympiasieg unvergessen geblieben und daß noch oft davon gesprochen worden ist. Über das Attentat von München wird nicht mehr viel gesprochen, und die meisten wissen nicht mehr, wieviel Geiseln in der folgenden Nacht umgekommen waren. Und ihre Namen weiß ich auch nicht mehr, obwohl ich dabeigewesen bin. Avery Brundage, der Präsident des Internationalen Olympischen Komitees, sagte damals: »The games must go on.« Die Spiele müssen weitergehen. Ich glaubte und glaube, daß er recht gehabt hatte. Es war eine mutige Parole, aber auch eine traurige. Ich finde, daß sich das nicht geändert hat.

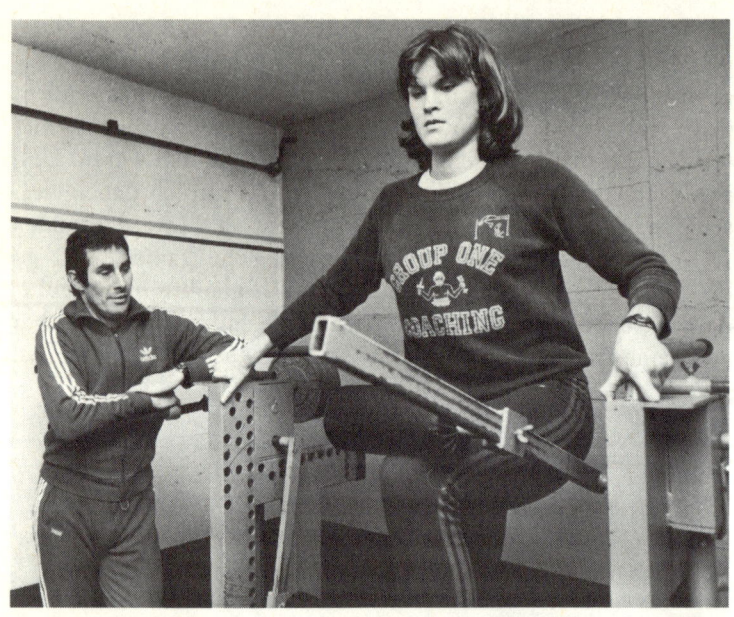

II. Kapitel
Trainingstage

»Mein Körper muß lernen, was mein Kopf will.«

Also dann, sagt Ulrike und läuft los. Nach ein paar Schritten dreht sie sich noch einmal um. Dieser Muskelkater. November '83. Die ersten Wochen des Wintertrainings sind zwar die schönsten, weil es noch überhaupt keinen Wettkampf- oder Erfolgsdruck gibt, aber es sind auch die härtesten, weil der Körper sich erst wieder an die Belastung gewöhnen muß. Der Sommer liegt so weit zurück und der Leistungsstand vom Sommer noch viel weiter.

Die allererste Trainingswoche nach den Ferien, die ist schön, darauf freut man sich, sagt Gerd Osenberg, Ulrikes Trainer, aber danach kommen die Schmerzen, und die Erfolge kommen noch lange nicht. Jeder Trainingstag fängt mit zwanzig Minuten Warmlaufen an. Der Körper braucht Betriebstemperatur. Morgens um zehn ist nicht viel los auf dem Trainingsgelände des TuS 04 Leverkusen. Über die Autobahn, zweieinhalb Stockwerke oberhalb des Vereinsgeländes, rauscht eintönig der Vormittagsverkehr. Gleich hinter dem Sportgelände verläuft die Eisenbahn, und wenn ein Zug vorüberfährt, zittert die Luft.

Ulrike ist nur noch ein kleiner, sich mit vollkommener Gleichmäßigkeit fortbewegender Punkt auf der weiten Rasenfläche. Ihr Blut transportiert jetzt frischen Sauerstoff in die verschlackten Muskelzellen und verbrennt die Milchsäurerückstände. Wer seine Muskeln schwer arbeiten läßt, produziert viel Milchsäure; die Reste nisten sich in den Muskelzellen ein und bringen den Schmerz, den man Muskelkater nennt. Mir steht die Milchsäure bis hier oben, hatte Ulrike am Morgen gesagt.

Nach dem Einlaufen geht sie in die Halle. Heute ist Premiere, es wird wieder hochgesprungen.
Freust du dich?
Jedesmal geht das wieder ganz von vorne los, antwortet sie. Dann fängt sie an zu lachen. Vielleicht war ihr gerade eingefallen, daß sie heute in neun Monaten in Los Angeles wieder Weltrekord springen will. In neun Monaten!
Vor dem Springen soll sie kurze Sprints machen. Rings um die Halle führt eine Laufbahn. Alle fünfundzwanzig Meter ist eine Lichtschranke angebracht. Die Lichtschranken sind mit dem Startblock, mit einer elektronischen Zeitmeßanlage und mit einem Computer gekoppelt. Mit Hilfe des Computers läßt sich die Beschleunigung in den einzelnen Phasen ausrechnen. Ulrike soll Tempoläufe über dreißig Meter machen. Osenberg schreibt die Werte ins Trainingsbuch.
Wie schnell ist sie denn schon wieder?
Weltjahresbestleistung, sagt Osenberg und grinst, und Ulrike freut sich, weil sie so schnell war. Aber die Trainingsleistungen, sagt Osenberg, gehen niemanden etwas an.
Ich wüßte ganz gerne, was die Bykowa im Training bringt, und überhaupt, wie die wohl trainiert, sagt Ulrike, obwohl – also, die ist ja doch ein ganz anderer Typ als ich.
Ulrike springt. Nach zwei Sprüngen weiß Osenberg schon Bescheid. Die Uli ist müde heute morgen.
Sie liegt auf der Sprungmatte ausgestreckt, nachdem ihr wieder einmal die Latte hinterhergeflogen ist. Osenberg erklärt. Mit einer Mischung von Andacht und Aufmerksamkeit schaut sie zu ihm hoch.
Also, den linken Arm kürzer und schneller an die Latte heranbringen, Osenberg erläutert kurz und präzise. Als er fertig ist, blinkt ein Lächeln in seinen Augenwinkeln. Das gefällt ihr heute nicht, aber was einem nicht gefällt, das muß man gerade zuallererst wieder machen.
Beim nächsten Sprung führt Ulrike den linken Arm so über die Latte, wie Osenberg es erklärt hat. Die Latte fällt trotzdem. Ich hab' meine rechte Seite stehenlassen, sagt Ulrike. Das heißt im Klartext: Sie hat die Schwungelemente der rechten

Körperhälfte, Unterschenkel, Oberschenkel und Arm, zuwenig beim Absprung eingesetzt, weil sie nur daran gedacht hat, den linken Arm richtig an die Latte heranzuführen. Osenberg findet, daß es trotzdem ein guter Sprung gewesen ist. Sie habe ihre Trainingsaufgabe gelöst. Der Körper, sagt er, muß sich erst wieder an die Bewegungsabläufe erinnern.

Ulrike ist noch immer nicht über die Latte gekommen.

Also Schluß jetzt, letzter Sprung für heute, ruft Osenberg. Und während Ulrike sich auf ihren Anlauf konzentriert, erklärt er, Härte hat nicht immer Sinn. Sie sehen ja, sie ist müde heute morgen, und es tut ihr weh.

Als Ulrike zum letztenmal ihren Rücken über der Latte durchbiegt, scheint es, als habe die Ankündigung »letzter Sprung« ein Signal durch ihr Nervensystem in die Muskelfasern gefunkt. Die Latte bleibt liegen. Der Körper hat sich erinnert. Nur die neue Bewegung mit dem linken Arm hat sie wieder weggelassen. Ulrike freut sich, daß sie doch noch rübergekommen ist. Die Latte liegt nicht ganz auf einsachtzig.

Zwei Stunden sind herum. Sie geht in der Kantine des Bayer-Werkes essen, dann zur Massage; danach ruht sie sich für das Nachmittagstraining aus. Sie kann nicht schlafen, weil sie vom Training noch so aufgedreht ist. Nun liegt sie auf der Couch und liest, ein Küchenhandtuch mit Eisstücken unter der linken Kniekehle, weil sie sich im linken Knie so müde fühlt. Ein Küchenhandtuch mit Eisstücken auf der rechten Kniescheibe, zur Vorsorge, damit die empfindliche Patellasehne nicht gereizt wird. Das Buch heißt: »Die Brücke von San Luis Rey« und ist von Thornton Wilder. Darin geht es um die Frage, ob das menschliche Leben Schicksal oder Fügung sei. Was meinst du denn, fragt sie.

Du lieber Himmel, sage ich, und Ulrike sagt, daß sie es auch lieber nicht wissen möchte.

Wenn es vorherbestimmt ist, brauchst du vielleicht nicht mehr so hart zu trainieren.

Wenn mir vorherbestimmt ist, daß ich noch mal Olympiasiegerin werde, dann ist mir bestimmt auch vorherbestimmt, daß ich hart trainiere.

Die drei Stunden bis zum zweiten Training gehen schnell herum. Ulrike hat ihr Telefon abgestellt, damit sie nicht noch schneller herumgehen. Osenberg wartet schon im Kraftraum. Zehnmal zehn heute, Uli. Das bedeutet, daß Ulrike einen von Osenberg bereits aufgebauten Zirkel von Übungen zehnmal durchlaufen und dabei jede Übung zehnmal wiederholen soll. Sie bläst die Backen auf. Osenberg grinst. Der wahre Kavalier hilft der Dame auch in die Bleiweste. Die Bleiweste über den Schultern, klettert Ulrike die Sprossen einer Leiter empor. Dann läßt sie ein Bein frei schweben und drückt ihr Körpergewicht samt Bleiweste in eine Kniebeuge hinein. Zehnmal das linke Bein, zehnmal das rechte Bein. Die nächste Übung. Einen Medizinball über den Kopf haltend, pendelt Ulrikes Oberkörper in weiten Schwingungen von einer auf die andere Seite. Hin und her, und den Oberkörper aufgerichtet. Hin und her, und die Körperachse gerade. Hin und her, das stärkt die Rückenmuskulatur und hält zugleich die Hüften beweglich. Und sie sieht dabei aus wie eine Figur in diesen Schießbuden, wo nach einem Treffer ein Harlekin immer dieselbe Turnübung macht oder ein elektrisches Klavier immer dieselben drei Takte von sich gibt. Ulrike sagt, ob du 'ne Schießbudenfigur bist oder nicht, das merkst du, wenn du diese Übung ein paarmal gemacht hast. Dafür halte ich ihr auch die Hantel, bis sie, die Beine unter ein altes Schülerpult geklemmt, bäuchlings über einer quergestellten Bank liegt. Die Bank reicht ihr aber nur knapp bis zum Bauch. Der Oberkörper schwebt frei in der Luft, und die Hantel, die sie sich nun über die Schultern legt, wiegt zwanzig Kilo. Zehnmal wippt Ulrike so weit zum Boden hinunter, daß sie die Hantel gerade noch halten und sich in die Waagerechte zurückdrücken kann. Dies war die dritte Übung des Zirkels.

Im Winter ist dreimal pro Woche Krafttraining. Im Sommer nur noch zweimal. Dafür sind im Sommer die Belastungen höher und kürzer bei weniger verschiedenen Übungen. Von Oktober bis Januar muß erst einmal wieder die allgemeine Grundlage für hohe Leistungen geschaffen werden.

Eine Zwanzig-Kilo-Hantel liegt zu ihren Füßen. Aufrecht steht Ulrike über der Hantel, dann bückt sie sich schnell und reißt das Gewicht in einem Zug bis über den Kopf. Nicht die bloße Kraft, Kraft und Schnelligkeit ist alles. Osenberg sieht beim Krafttraining nur hin und wieder bei ihr zu. Es sind noch zwei jüngere Athletinnen aus Ulrikes Trainingsgruppe im Kraftraum. Ulrike weicht nicht aus beim Training, um es sich leichter zu machen.

Jede Übung des Zirkels spricht eine andere Kombination von Muskelgruppen an. Wenn der Muskel sich entwickeln soll, muß er auf immer andere Art neu gereizt werden. Eine hohe, aber eintönige Belastung bringt keinen Leistungszuwachs. Ein Bauarbeiter, der jeden Tag mit seiner Schippe dieselbe Bewegung macht, der hat zwar bald eine kräftige Muskulatur im Schultergürtel und am Arm, wird aber kein bißchen stärker, selbst wenn er das zehn Jahre lang so weitermacht, sagt Osenberg.

Ulrike steht unter einer 120-Kilo-Hantel, deren Bügel sie sich über die Schulter gelegt hat. Fersen auf dem Boden, Fußspitzen auf der Turnmatte. Unendlich langsam wippt sie in den Fußgelenken. Unendlich langsam dehnt und streckt sich ihre Muskulatur, von der Ferse, die Wade, den Oberschenkel hinauf über den Rücken in die Schulter hinein, eine Spannung, so weit ausgereizt, bis sie das Gefühl hat, eine Silberader, rein wie der Ton einer äußerst gespannten Violinensaite, in ihrem Körper zu haben.

Hast du jetzt fünf oder sechs Runden? fragt Osenberg irgendwann. Ulrike weiß es nicht.

Wie fühlst du dich denn?

Sie fühlt sich so, daß sie sich auf fünf Runden einigen.

Am nächsten Morgen ist Waldlauftraining im Dhünnwald zwischen Leverkusen und Köln angesetzt. Kiefern, Fichten, Buchen, Birken, eine Spur Frost in der klaren Luft. Sauerstoff tanken, sagt Ulrike und geht auf die 750 Meter lange Runde. Schnell braucht sie nicht zu sein, nur gut und sauber laufen, den Körper mit jedem Schritt am Schwerpunkt treffen. Mit kleinen leichten Schritten läuft Ulrike den Weg hinunter, einen

Augenblick stehen noch die Stoßfahnen ihres Atems in der Luft.

Osenberg kommt. Steigerungsläufe stehen auf dem Programm. 160 Meter, den Waldweg hinunter, mit sechzig bis siebzig Prozent Kraftaufwand. Schön langsam, sagt er, und dann einfach rollen lassen. Ulrike ist gewohnt, daß die anderen in der Gruppe schneller sind. Schließlich ist sie keine Läuferin. Uli ist aber schneller, als sie aussieht, sagt Osenberg, bei ihr sieht alles langsam aus, aber gucken Sie sich mal ihre Schritte an. Ulrike sagt, ihre Knie seien immer noch müde.

Auf dem Stundenplan sieht ein Trainingstag wie der andere aus. Nach dem Waldlauftraining zurück mit dem Auto, duschen, essen, Massage, ausruhen. Nachmittagstraining.

Fünf Uhr nachmittags. Die Schuhe hinterlassen dunkle Spuren im angefrorenen Gras. Leichtes Lauftraining für Ulrike. Osenberg braucht keine Stoppuhr, er sieht auch so genug. Auf der Autobahn fahren die Autos Schritt. Feierabend. Unter den Flutlichtstrahlern Lichtbahnen wie aus Eis. Wer hier jetzt an Kalifornien denkt, hat selber schuld. Gegen sieben ist die Trainingshalle auf sieben Grad abgekühlt. In einer halben Stunde wird auch dieser Trainingstag für Ulrike zu Ende sein. Sie sitzt auf der Bank und wechselt die Schuhe. Heute abend reize ich aber nicht mehr aus. Ich bin müde. Ich bin auch nur ein Mensch.

*

Das alles mache ich nun zum letztenmal. Die langen Waldläufe; und die Buchen und die Ahornbäume sind gelb und leuchten, und ich werde ruhig, auch wenn mein Puls schnell schlägt, weil ich noch nicht in Form bin. Die Tempoläufe durch die Lichtschranken in unserer Tragluft-Trainingshalle beim TuS 04 Leverkusen. Die Gymnastik, bei der sich mein Körper dehnt und ausstreckt, bis ich mich innerlich ganz weit fühle. Die Sprünge gegen den hohen, gepolsterten Sprungtisch, der immer viel zu hoch für mich ist und mich müde macht.

Es ist November, und mein letztes Wintertraining hat angefangen. Mein letztes Ziel steht fest, aber meine Gedanken an die Olympischen Spiele in Los Angeles sind vage. Sie helfen mir nicht beim Training, wenn ich mich nicht gut fühle. Ich weiß nur, daß ich mich innerlich darauf einstellen muß, Höhen zu springen, die ich noch nie gesprungen bin. Aber das gehört schon zum Training. Eine Höhe, die ich im Wettkampf schaffen will, muß ich vorher im Kopf übersprungen haben. So ins Leere nach oben springen, wie mir das bei meinem Olympiasieg in München passiert ist, das erlebt man nur ein einziges Mal.

Mein Knie tut wieder weh, wie in jedem Herbst, und ich brauche Spritzen, die die Knorpel im Gelenk wieder aufbauen. Diese Knorpel werden nur wenig durchblutet, und man könnte sagen, der Körper ernähre sie schlecht. Normalerweise macht das nichts, aber wenn ich abspringe, muß mein Kniegelenk einen Druck aushalten, der das Vielfache meines Körpergewichts beträgt. Das Kniegelenk ist meine schwächste Stelle. Auf den Fußgelenken ist der Druck fast genauso hoch. Meine Fußgelenke sind stark und fest, aber die Knie tun mir jedes Jahr wieder weh. Der Schmerz gehört zum Training, es hat keinen Sinn, ihn wegzuwünschen. Irgendwann geht er von selbst weg und kommt auch wieder.

Wenn Ende August die Wettkampfsaison ausklingt, lasse ich meinen Körper Sommerferien machen und ruhe mich aus; auch mein Kopf ruht sich aus. Manchmal fahre ich dann zum Skilaufen, oder ich gehe schwimmen, und meine auf Hochsprung getrimmte Muskulatur macht mal etwas anderes. »Aktive Pause« heißt das bei uns im Hochleistungssport. Irgendwann in der zweiten Oktoberhälfte geht es dann wieder los mit dem Wintertraining.

Die ersten Wochen sind jedesmal schrecklich. Mein Körper ist noch in den Ferien. Er schreit: Laß mich in Ruhe! Und diese Schreie tun weh. Muskelkater, als hätte ich überall in meinem Körper kleine Entzündungsherde, und manchmal kann ich vor Schmerzen nur unruhig schlafen und wache am Morgen wie gerädert auf.

Manche Sportler hören mit dem Training ein paar Tage auf, wenn sie Muskelkater bekommen, aber das ist ganz falsch. Man muß seinem Körper einfach zugestehen, daß er gegen die plötzlich erhöhte Belastung mit Schmerzen rebelliert, aber man muß auch weitertrainieren, sonst gewöhnt er sich nie an höhere Leistungen.

Schlimmer als der Muskelkater ist am Anfang das Gefühl, unendlich weit vom Leistungsstand des vergangenen Sommers entfernt zu sein.

Im Durchschnitt trainiere ich acht- bis zehnmal in der Woche ein bis zwei Stunden. Mindestens dreimal pro Woche gehe ich zum Masseur, und an wenigstens drei Wochentagen trainiere ich vormittags und nachmittags. Oft werde ich gefragt, wie ich das eigentlich aushalte. Tag für Tag dieses Training und immer dasselbe und nun schon so viele Jahre. Aber es ist nicht jeden Tag dasselbe, auch wenn ich das gleiche mache. Wenn ich zum Training gehe, weiß ich nie, mit welchen Empfindungen ich hinterher nach Hause kommen werde. Außerdem kann sich der Körper an ein hohes Belastungsniveau gewöhnen.

Irgendwo in meinem Körper gibt es eine Grenze der Belastbarkeit und der Leistungsfähigkeit. Diese Grenze suche ich jeden Tag aufs neue. Ich versuche ganz nahe an sie heranzugehen; so nahe wie möglich. Alleine ist das schwer zu kontrollieren, aber ich habe ja meinen Trainer, Gerd Osenberg. Manchmal denke ich, der kennt mich besser, als ich mich selber kenne. Das ist ein beruhigender Gedanke.

Eigentlich sind es zwei Grenzen. Eine, die mir jeder einzelne Trainingstag dadurch setzt, wie ich mich fühle, wie ich geschlafen habe, wie ausgeruht mein Körper ist, wie ich seelisch im Gleichgewicht bin - und eine allgemeine Grenze meiner maximalen Leistungsfähigkeit. Diese letzte Grenze versuche ich jedes Jahr ein kleines Stück hinauszuschieben.

Dieser Weg dorthin, das ist das Spannende, ihn gehe ich im Training. Der Wettkampf ist dann bloß noch ein Meilenstein, der zeigt, wie weit ich gegangen bin.

Wenn ich nicht gerne trainierte, hätte ich längst mit dem

Sport aufgehört. Ich bin einfach gern mit meinem Körper zusammen. Es ist angenehm, zu spüren, wie sich die Muskelspannung durch das Training entwickelt. Ich fühle dann ganz deutlich, daß dieser Körper mir gehört, und alles, was ich mit dieser inneren Spannung erlebe, wird klarer und schärfer: Farben oder die Luft und auch Begegnungen mit Menschen. In allem, was ich tue und denke, bin ich ganz da, und nichts ist schlaff und verquollen, und ich fühle, daß es mich wirklich gibt.

Als Spitzensportler habe ich lernen müssen, auf meinen Körper zu achten. Man muß immerzu in ihn hineinhören. Kann ich mich noch mehr belasten, oder mache ich mich bei der nächsten höheren Belastung kaputt? Denn meine Leistungsgrenze nähert sich immer mehr der Grenze meiner Belastbarkeit. Ich habe mal einen schönen Satz von einem bedeutenden Philosophen gehört: »Gesundheit ist nicht alles, aber ohne Gesundheit ist alles nichts.« Das wäre kein schlechtes Motto für den Hochleistungssport. Ich weiß, daß ich mit den zwei Metern und drei vom Europapokalfinale in London meine Grenze noch nicht erreicht habe, aber ich weiß auch, daß meine Leistungskurve immer flacher wird. Das bedeutet, meine Fortschritte im Training werden immer minimaler, so daß ich geduldig sein und hoffen muß, auch wenn ich eine Zeitlang vielleicht ins Leere hoffen muß.

Der berühmte Rudertrainer Karl Adam sagte einmal: »Die Stabilisierung des Selbstwertgefühles findet weniger im Wettkampf als im Training statt.« Es ist wahr, alles, was man als Athlet an Hoffnungen und Enttäuschungen im Wettkampf haben kann, das muß man im Training schon einmal durchlebt haben.

Natürlich gibt es auch schlechte Tage in meinem Trainingsalltag. Dann kommt mir in dem Augenblick, in dem ich die Halle betrete, schon buchstäblich die Galle hoch. Immer die gleiche Luft und das gleiche Licht, die Geräte, die Geräusche von anderen, die auch trainieren. Das ist unendlich öde. Nach einer halben Stunde packe ich an solchen Tagen wieder meine Sachen und gehe nach Hause. Gerd Osenberg sagt nichts dazu. Er weiß, daß ich am nächsten Tag wiederkomme. Vielleicht sind diese schlechten Tage auch bloß Erholungsphasen, die von meinem Körper und vor allem von meinen Nerven verlangt werden.

Aber ich trainiere gern. Morgens, nach dem Frühstück, gehe ich die fünf Minuten zur Halle hinüber oder auf den Platz. Gegen Mittag komme ich nach Hause und muß mich erst mal hinlegen, weil ich vom Training sehr müde bin und »auftanken« muß für die zweite Trainingseinheit gegen Abend. Wenn ich abends nach Hause komme, bin ich oft froh, wenn ich mich in die Badewanne setzen kann und das warme Wasser meine Muskulatur wieder lockert.

Zum Lernen für das Studium an der Sporthochschule und für meine Freunde bleiben meistens die trainingsfreien Vormittage oder diese halben Nachmittage. Und manchmal, aber nicht zu oft, der Abend.

Die Trainingstage im Sommer sind anders als die Trainingstage im Winter. Bloß die Ermüdung bleibt gleich. Im Sommer trainiere ich fast immer draußen. Alles, was ich dann mache, ist schnell und intensiv. Die Tempoläufe sind dann nur noch ganz kurze Sprints mit voller Kraft, so wie ich es für einen optimalen Anlauf zum Sprung brauche. Ich bin dann ja mitten in der Wettkampfsaison und darf meiner Muskulatur keine Langsamkeit erlauben. Während des Sommers muß im Training die Wettkampfsituation simuliert werden. Ausruhen und entspannen, das unbedingt, aber im Sommer darf nichts langsam sein; nur der Ermüdungsprozeß. Und damit der so langsam wie möglich verläuft, brauche ich Kraft und Ausdauer. Beides hole ich mir im Wintertraining. Waldläufe, längere Tempoläufe, Training mit Gewichten. Inzwischen kann ich ganz kurze schnelle Kniebeugen mit einer 240-Kilo-Hantel auf den Schultern machen. Mein Rücken ist kräftig genug, das Gewicht zu halten. Als ich 1977 zu Gerd Osenberg gekommen bin, konnte ich nicht einmal die Hälfte halten. Gleich am Anfang verlor ich einmal das Gleichgewicht und stürzte nach vorn, weil ich den Oberkörper zu weit vorgebeugt hatte, und Gerd Osenberg, der zur Sicherheit hinter mir stand, griff zur Hantel, und als ich mich umdrehte, sah ich ihn mit der Hantel in der Hand dastehen, und es sah furchtbar komisch aus. Aber lachen konnte ich nicht.

Damals stand ich mitten im praktischen Teil meines Sportstudiums. Ich mußte schwimmen, turnen, Basketball spielen; für einen Bewegungsspezialisten wie mich ist das eine Katastrophe. Schwimmen zum Beispiel ist Gift für das Leichtathletik-Training. Es verlangsamt die Muskulatur und die Explosivität, die Schnellkraft geht einem verloren. Bei mir ist die Muskulatur durch das jahrelange Hochsprungtraining auf bestimmte Bewegungsabläufe getrimmt, und darin ist sie ungeheuer leistungsfähig; aber wenn ich mich anders bewegen soll, leider auch bei meinem geliebten Skilaufen, sträubt sie sich. Vielleicht kann man das mit einem Musiker vergleichen, der fünf Instrumente auf einmal spielt. Weil er musikalisch ist, spielt er sie alle gut, aber auf der Trompete kann er kein Louis Armstrong werden und auf dem Klavier kein Artur Rubinstein.

Wie ein Pianist sein Klavier technisch beherrschen muß, so muß ich meinen Körper im Hinblick auf diese eine Disziplin beherrschen. Mein Körper ist gewissermaßen mein Instrument. Es ist ein wunderschönes Gefühl, wenn er mir dann wirklich gehorcht. Vielleicht hat das immer noch etwas mit Musik zu tun, obwohl ich Sport nicht zur Kunst erklären will, aber durch diese perfekte Bewegung entsteht etwas, das mehr ist als bloß ein Bewegungsvorgang. Jedenfalls ist das für mich so, auch wenn es kein Mensch sehen kann. Bei einem perfekten Sprung habe ich einen Augenblick lang das Gefühl, ich fliege.

Ich kann im Training den Wettkampf vollständig simulieren, bis auf eines: Ich kann nicht sehr hoch springen. Dabei ist es für mich das sicherste Zeichen, daß ich in Topform bin, wenn es mir gelingt, im Training annähernd Wettkampfhöhen zu springen. Aber über zwei Meter bin ich im Training noch nie gesprungen. Meistens bleibe ich fünf bis sieben Zentimeter unter meiner Bestleistung; wenn es sehr gut geht. Vor den Europameisterschaften 1982 in Athen bin ich einssechsundneunzig im Training gesprungen. Ein Freund, der wußte, wie das mit meinen Trainingssprüngen ist, hat daraufhin zehn Flaschen

Sekt gewettet, daß ich in Athen Weltrekord springen würde. Er gewann, denn ich sprang zwei Meter zwei. Im Jahr darauf sprang ich im Training einssiebenundneunzig hoch, und im August kam ich in London auf zwei Meter drei, und das war wieder Weltrekord.

Die Leistungsfortschritte im Training werden immer geringer, je näher ich an meine Leistungsgrenze komme. Ein Zentimeter im Hochsprung ist da schon sehr viel. Bei meinen Tempoläufen über dreißig Meter sind es oft nur ein oder zwei Hundertstelsekunden, die mich froh und gelassen machen oder mich beunruhigen, je nachdem, ob ich schneller als zuvor oder langsamer gewesen bin. Rund um die Laufbahn in unserer Trainingshalle sind im Abstand von fünfundzwanzig Metern Lichtschranken angebracht; mit ihrer Hilfe wird die Zeit, die ich für eine bestimmte Strecke benötigt habe, auf die Hundertstelsekunde genau gemessen. Die Uhr ist an einen Computer angeschlossen, der gleichzeitig die einzelnen Beschleunigungsphasen während meines Laufs errechnet. Ich kann sehen, auf welchem Abschnitt ich langsam war, und Gerd Osenberg kann das Training so abstimmen, daß diese Langsamkeit behoben wird, und dann bin ich am Ende noch schneller. So ein Computer hat einen Vorteil: Man kann sich nichts vormachen. Die erworbene Schnelligkeit muß natürlich in Höhe umgesetzt werden, doch das ist wieder eine andere, eine technische Übung.

Um meine Sprunggelenke zu kräftigen und das rhythmische Bewegungsgefühl zu schulen, stellen wir oft ein halbes Dutzend Hürden im Abstand von fünf Fußlängen hintereinander auf, und ich muß dann im Schlußsprung rüber, ohne Zwischensprung. Zunächst sind die Hürden einen Meter hoch, und nach und nach werden sie bis auf einen Meter und fünf Zentimeter erhöht. Dies sind die Fortschritte, mit denen ich inzwischen beim Training zufrieden sein muß, nicht die gesprungenen Höhen. Mitunter ist der Fortschritt noch geringer, oft nur ein Gefühl, daß mir eine bestimmte Leistung an einem Tag leichter gefallen ist als in der Woche zuvor.

Gerd Osenberg führt über jedes Trainingsergebnis Buch.

Manchmal werden die Ergebnisse über einen längeren Zeitraum nicht besser, aber wenn wir dann nachschlagen, welche Ergebnisse wir zum gleichen Zeitpunkt im vergangenen Jahr hatten, erkennen wir, daß wir jetzt auf einem höheren Niveau trainieren, und ich weiß: Der Leistungsstillstand ist nur scheinbar.

Am meisten schafft mich jedesmal der Sprungtisch. Ein gut zwei Meter hohes Monstrum, dessen Platte mit Sprungmatten gepolstert ist. Gegen diesen schrecklichen Tisch muß ich immer und immer wieder anlaufen, abspringen und so hoch steigen, wie ich kann. Die weichen Sprungmatten fangen meinen Körper auf, damit ich mich nicht verletze, aber sie lassen den Tisch gleichzeitig noch monströser erscheinen. Hier trainiere ich nicht nur Absprung und Körperbeherrschung, sondern auch Kopf und Nervensystem. Vor diesem Tisch versuche ich nämlich, mich an große Höhen zu gewöhnen und die Angst vor ihnen zu verlieren. Manchmal rutsche ich an den Matten vom Tisch runter, langsam, und möchte mich immer und immer weiter runtersinken lassen, weil ich innerlich so müde bin.

Jedes Training endet mit Gymnastik. Natürlich mache ich meinen Körper auch schon vor dem Training durch Gymnastik locker. Manchmal bin ich jedoch vom Training am Tag zuvor noch so müde, daß sich mein Körper nur schwer erwärmen läßt. Dann lasse ich die Gymnastik sein und laufe mich nur ausgiebig ein. Laufen bringt mich immer in Schwung. Gymnastik nach dem Training soll vor allem Verletzungen vorbeugen. Für mich ist das eine Art Yoga, ein Wechsel zwischen Anspannung und vollständiger Entspannung. Ich liege auf dem Rücken, die Oberschenkel über meinem Gesicht, und die Fußspitzen berühren weit hinter meinem Kopf die Erde. Zwanzig bis dreißig Sekunden sollte in jeder Übung ausgeharrt werden. Auch wenn es weh tut. Und manchmal tut es ziemlich weh, wenn die Muskulatur vom Training sehr müde geworden und stark übersäuert ist.

Das alles mache ich nun zum letztenmal. Ich weiß, daß dieser Winter sehr schnell vorübergehen wird und auch die Hallensaison, und ich weiß, daß ich bald, ohne mich zu erschrekken, an Weltrekord denken muß und auch schon sehr hoch springen muß, um die Konkurrenz zu schocken und um nicht selbst von ihr geschockt zu werden. Manchmal habe ich im Training einen Anflug von Torschlußpanik: Jetzt mußt du noch einmal alles zeigen, was in dir steckt, und nichts darf schiefgehen. Das ist ein gefährliches Gefühl, und ich versuche, es wegzudenken. Ich möchte mir mein letztes Jahr im Leistungssport nicht zerstören lassen; auch nicht durch meinen eigenen Erwartungsdruck. Ich möchte das Training schön finden können.

III. Kapitel
Zweifel

»Wenn ich aufgehört hätte, was hätte ich alles versäumt.«

Von morgens um neun bis Ladenschluß ist die Hohe Straße in der Kölner Innenstadt voller Menschen. Schaufensterauslagen spiegeln sich in den gegenüberliegenden Schaufenstern, dazwischen gehen die Menschen, und wenn sie stehenbleiben, bemerken sie, daß sie sich ebenfalls in den Schaufenstern spiegeln. Es ist ein sonniger Septembervormittag. Ulrike ist gerade in Athen Europameisterin geworden und Weltrekord gesprungen, zwei Meter zwei. Immer wieder bleiben Passanten in dem Geschiebe stehen und sehen Ulrike an, als sei sie soeben einem der Fernsehapparate in den Geschäften entstiegen. Vor der Europameisterschaft war Ulrike um diese Zeit jeden Tag auf dem Sportgelände des TuS 04 Leverkusen anzutreffen: Training für Athen.
    Wie lange habe ich keine Schaufenster mehr angesehen, sagt sie.
    Der Rhein beschreibt einen wunderschönen Bogen nach Leverkusen zu. Unter der Sonne schimmert er blank wie Quellwasser. Die weißen Ausflugsdampfer der Köln-Düsseldorfer Rheinschiffahrtsgesellschaft wimmern unter ihrer mützenschwenkenden, Würstchen und Cola verzehrenden Last. Der Himmel ist so hoch über den Domtürmen, wie ein Himmel es nur sein kann. Es ist schön, auf den Dom zu sehen, weil er so groß ist und wir so klein.
    Ich kann überhaupt nicht mehr an Hochsprung denken, sagt Ulrike. Ein Bockschiff mit der holländischen Fahne am Heck schiebt stampfend rheinabwärts.
    Stell dir vor, das fährt jetzt bis zum Meer, sage ich.
    Wie romantisch.

Vielleicht fährt es auch bloß bis Duisburg-Ruhrort. Da gibt es eine Kneipe, die jeder Binnenschiffer kennt. »Blauer Anker« heißt sie, und die Luft ist da genauso verqualmt wie über dem Hafen, aber den Hafen vergißt du dort.

Im Moment kann ich mir gar nicht vorstellen, wie es weitergehen soll, sagt Ulrike.

Wie möchtest du's denn?

Das ist es ja eben, ich weiß nicht. Ich habe auch nicht die Ruhe, darüber nachzudenken.

Es ist Ende September.

Wir hörten dann länger nichts voneinander. Ulrike war auf »Tournee«: Autogrammstunden, Sportpressefeste, Einladungen. Und hier geehrt und da geehrt. Das ist schön und gehört dazu. Aber zum Nachdenken, wie es weitergehen soll, ist das keine Zeit.

Im November beginnt sie, ein ganz neues Leben für möglich zu halten. Schließlich muß man doch nicht sein ganzes Leben in Deutschland verbringen, oder? Überhaupt ist die Welt so groß, man kommt ja gar nicht mit. Stell dir bloß mal vor, was du alles machen kannst und was du dann doch nicht machst. Warum eigentlich nicht?

Sie hat wieder zu trainieren begonnen, ganz nebenbei und mehr aus Gewohnheit.

Ihre Zukunft scheint gesichert zu sein. Ulrike soll nach dem Ende ihrer Karriere bei einer Sportartikelfirma anfangen, als Repräsentantin. Vielleicht kann ich da auch mal an Entwürfen für Sportkleidung mitarbeiten. Kunst kann ich ja nun doch nicht mehr studieren. Außerdem braucht man was Festes, wenn man aufhört. Das muß ein sauberer Übergang sein. Etwas hört auf, und etwas Neues fängt an.

Das merkt sie selbst, daß das nicht ganz mit einer ganz anderen Art zu leben zusammenpaßt. Ich brauch' feste Ziele, sagt sie.

Es ist seit einigen Monaten nicht mehr so leicht, Ulrike am Telefon zu erreichen. Sie ist häufig weg, und wenn sie zu Hause ist, hat sie oft den Stecker ihres Telefons herausgezogen, damit sie von der Klingel nicht immer gestört wird. Die

Post hat ihr die Genehmigung dazu erteilt. Wenn du hörst, wie der Jürgen Hingsen von der Öffentlichkeit abgeschirmt wird, sagt sie, aber mich schirmt keiner ab, und manchmal klingelt das Telefon den ganzen Tag.

In diesen Wochen nach der Europameisterschaft von Athen sehnt sie sich wohl hin und wieder nach einem normalen Leben. Zehn Jahre nach ihrem Olympiasieg und ihrem ersten Weltrekord ist sie abermals Weltrekord gesprungen, und sie ist auch in den Wettkämpfen wieder die beste Hochspringerin der Welt. Niemand redet mehr von Glück, und das Goldkind ist sie auch nicht mehr für die anderen. Sie ist jetzt Ulrike Meyfarth geworden, die einmal ein Goldkind gewesen war.

Das Wintersemester 1982/83 hat begonnen, ihr vierzehntes Semester. Ulrike schreibt an ihrer Diplomarbeit.

Wir treffen uns erst im Dezember wieder, in Berlin. Sie ist zum zweitenmal zur »Sportlerin des Jahres« gewählt worden und soll im Palais am Funkturm geehrt werden.

Manchmal habe ich ein schlechtes Gewissen, daß ich immer noch Hochsprung mache, wo es doch soviel Wichtigeres gibt auf der Welt. Im Berliner Zoo spielen die Panda-Bären noch im Freigehege. Es ist zu warm für Dezember. Das einzige Problem der Panda-Bären ist, daß sie sich nicht erkälten.

Bei meinem Sportartikelhersteller wollen sie natürlich, daß ich noch bis Los Angeles weitermache, sagt sie. Dann würde sich der Kreis schließen. Zwölf Jahre nach der ersten Olympiade die letzte. Sie lacht dieses kurze Lachen, das nicht aus der Heiterkeit kommt, sondern aus der Entfernung zu etwas. Nichts ist entschieden. Im nächsten Jahr werden erst einmal die Weltmeisterschaften in Helsinki kommen. Ob ich nun Weltmeisterin werde oder nicht, sagt sie. Mir fällt ein, was Ulrike nach ihrem Sieg im vergangenen Jahr beim Weltcup in Rom gesagt hatte. Es ist furchtbar schwer, so lange oben zu bleiben und den Körper gesund zu halten, die Kniegelenke, die Wirbelsäule, es ziept ja auch schon immer mal hier und da.

Im Training geht es jetzt ganz leicht, sagt sie. Mir tut auch nichts mehr weh. Wahrscheinlich könnte ich bis zur Weltmeisterschaft weitermachen.

Dann mach doch. Mach's doch ganz leicht. Wenn du nur noch einsfünfundneunzig springst, macht das auch nichts mehr aus, und vielleicht kriegst du damit sogar noch eine Medaille. Jedenfalls verschenkst du 'ne Menge Geld, wenn du jetzt aufhörst.

Gerd Osenberg sagt auch, ich solle noch eine Saison dranhängen. Einfach, um das Erlebnis zu haben.

Im Dezember fährt Ulrike ins Trainingslager nach Estepona in Andalusien. Ich habe das erstemal wieder ernsthaft trainiert, und ich habe sogar wieder einen richtigen Trainingsrhythmus gefunden, erzählt sie, als sie zurückkommt.

Also doch Helsinki und die Weltmeisterschaft?

Ich weiß nicht.

Der Januar kommt, der Februar. Wenn Ulrike jetzt zum Nachmittagstraining geht, geht sie wieder im Hellen von zu Hause weg. Sie geht auch wieder zum Vormittagstraining. Nach und nach erhält das Training wieder Richtung und Bestimmtheit.

Das geht nicht, sagt sie eines Abends am Telefon, du kannst nicht trainieren und dir gleichzeitig sagen, daß es ganz unwichtig ist. Das macht keinen Sinn.

Da war schon der März vorbei. Die Hallen-Europameisterschaft war vorüber, und Tamara Bykowa hatte einen neuen Hallen-Weltrekord aufgestellt, zwei Meter drei. Ulrike kann sich immer noch eine ganz andere Art zu leben vorstellen, aber diese Vorstellung hat an Anziehungskraft verloren. Vielleicht fehlte in diesen Wochen bloß der Anlaß, und sie hätte den Hochsprung aufgegeben.

Phasenweise kannst du akzeptieren, was du da machst, und phasenweise stellst du es wieder in Zweifel, überhaupt diesen ganzen Sport.

Ich weiß nicht, ob sie damals nach Gründen gesucht hat, weiterzumachen. Sie wußte es wohl selber nicht. In Wahrheit gibt es auch nur einen Grund, der stark genug ist: Der Hochsprung muß ihr noch einmal Spaß machen.

Wenn Ulrike ihre vierzehn Semester Diplom-Sportstudium zusammenzählt, fühlt sie sich auf unbestimmte Weise schuldig.

Der Termin für den ersten Wettkampf steht schon fest. Sie gesteht sich noch nicht ein, daß sie schon auf dem Weg zur Weltmeisterschaft nach Helsinki ist. Es war wohl so, daß sie die Entscheidung noch offenhalten wollte. Es wurde Mai. Mittlerweile merke ich gar nicht mehr, daß ich soviel trainiere, sagt sie. Das läuft so mit. Wenn ich weitermache, dann, weil ich noch etwas mehr von dem Erlebnis haben möchte. Also, daß ich mir sage, da ist jetzt dieser Wettkampf, und da gehst du rein, und das machst du, so gut du kannst. Und daß ich mich dann ganz genau darauf konzentriere, was passiert und was in mir vorgeht. Ihre Stimmung ist umgeschlagen. Als hätte alles Fragen plötzlich aufgehört.
Du meinst, daß du dein Olympia-Erlebnis doch noch einmal nachholen willst?
Manchmal ist das wie ein Blitzschlag für mich, dann denke ich, du bist auch bloß so ein kleines Wesen im Kosmos, und ob das nun noch zwei Jahre Hochsprung macht oder nicht, das kann doch nicht so wichtig sein, antwortet Ulrike.
Es ist das letztemal, daß wir über diese Frage sprechen.

*

Kein Gips. Ich will keinen Gips!
Die Diagnose war hoffnungslos. Der Orthopäde war Spezialist. Meine Karriere war zu Ende. Ich stand draußen auf der Straße dieses kleinen Kölner Vororts und konnte mich nicht entschließen, sofort in meine »Ente« zu steigen. Es war im März des Jahres 1978. Kalt war es, aber Frühling lag schon in der Luft. Für mich sowieso, denn ich hatte mein erstes Wintertraining in Leverkusen bei Gerd Osenberg hinter mir. Noch nie hatte ich so ein Wintertraining gehabt, und ich fühlte mich fabelhaft. Bloß das Knie machte Sorgen.
Ihr Knie braucht absolute Ruhestellung, hatte der Arzt gesagt, wir müssen es für vier Wochen eingipsen. Ohne Gips könne er für nichts garantieren. Er hatte dann gleich einen Kollegen an der Sporthochschule Köln angerufen, der mir den Gips anlegen sollte. Sie können dann wenigstens noch mit Ih-

rem Wagen zurück nach Köln fahren, sagte er. Ich hörte das und hörte das nicht und ging auf die Straße und wußte nicht, wo ich war und wie mir war. Ich wußte bloß, daß meine Laufbahn jetzt zu Ende sein sollte.

Um nach Köln zu kommen, brauchte ich bloß über die Landstraße zu fahren. Ich fuhr aber nur ein kleines Stück Landstraße und fuhr dann auf die Autobahn Köln–Düsseldorf. Nach Leverkusen. Zu Gerd Osenberg. Wenn eine Rechtskurve kam, bremste ich und drehte das Steuerrad nach rechts, und wenn es eine Linkskurve war, drehte ich es nach links, und ich nehme an, daß ich vor den roten Ampeln gehalten habe, und ich hoffe, daß ich vor dem Abbiegen geblinkt habe. Aber das alles weiß ich heute nicht mehr, und damals wußte ich es auch nicht.

In diesem Jahr waren in Prag die Europameisterschaften. Es sollten für mich die dritten Europameisterschaften sein. Ich war so weit unten gewesen im letzten Jahr, und jetzt hatte ich wieder Mut und fühlte, daß es mich noch einmal nach oben tragen könnte. Wie weit, das wußte ich nicht. Aber weit genug, um es einigen, die mich abgeschrieben hatten, zu zeigen. Und jetzt saß ich hier hinter dem Steuer, und die Straße verschwamm immer wieder, und ich fühlte mich viel zu schwach, um mich über die verdammten Tränen zu ärgern.

Also gut, einmal mußte meine Hochsprunglaufbahn ja zu Ende sein. Ich malte mir aus, wie es wäre, wenn ich auf einmal nicht mehr zu trainieren brauchte. Die viele Zeit. Ich könnte mein Studium durchziehen. Ich könnte noch Physiotherapie und Heilgymnastik belegen, das hatte ich doch schon immer machen wollen. Ich hätte endlich mehr Zeit für meine Freunde. Und Gitarre spielen könnte ich lernen und an der Volkshochschule in einen Malkurs gehen. Das ist ja nicht so, daß dein Leben dann nicht mehr ausgefüllt wäre!

Köln lag hinter mir. Ich wollte jetzt nicht nach Köln und gleich mein Bein eingipsen lassen.

Ich könnte auch irgendwas arbeiten und neben dem Studium Geld verdienen. Überhaupt könnte ich viele Dinge, die bisher im Hintergrund warten mußten, mehr in den Vordergrund stellen. Und ich überlegte, was das für Dinge sein könnten. Draußen war der wunderschönste März. Den ganzen Winter hindurch hatte ich mich auf den Beginn der Freiluftsaison gefreut. Mein Körper müßte sich natürlich umgewöhnen. Meinem Körper würde der Sport vielleicht noch mehr fehlen als mir selbst. Er hatte sich so sehr an die tägliche Trainingsbelastung gewöhnt! Das wird dauern, bis der sich umgestellt hat. Wenn ich mal ein paar Tage lang nicht trainieren konnte, wurde ich ja schon ganz kribbelig.

Aber einmal mußte das sowieso mal sein. Ich tat auch viel zuwenig für das Malen. Ich müßte viel mehr Zeichnen üben, damit ich erst mal technisch besser werde.

Die Schlattersche Krankheit, bei der Verknöcherungsstörungen am Schienbeinhöcker auftreten, wollte der Arzt bei mir auch noch entdeckt haben. Das war mir gleich verdächtig vorgekommen, weil diese Krankheit nur für Heranwachsende gefährlich ist, wie ich im Studium gelernt hatte. Ich aber hatte mit meinen zweiundzwanzig Jahren das Längenwachstum längst abgeschlossen.

Ich fuhr durch Leverkusen Richtung Sportpark. Was würde Gerd Osenberg sagen? Was sollte überhaupt werden? Und wenn dieser Arzt bloß übertrieben vorsichtig gewesen ist? Vielleicht.

Aber mein Leben würde nicht leer sein. Nur anders. Vielleicht mußte das Bein gar nicht in Gips. Wenn es in Gips muß, dann wird es müde und dünn und schlaff, und ich kann dieses Jahr abhaken. Und wenn ich dieses Jahr abhaken muß, dann kann ich gleich ganz aufhören. Aber hatte ich nicht wirklich viel zuwenig Zeit für meine Freunde? Mein Vater wäre froh, wenn ich das Studium gut durchziehen könnte und nicht so ein ewig langes Leistungssportler-Studium machen müßte.

Dann kam ich zum Klub und ging über den Rasen zur Halle hinüber, und auf einmal war es ganz klar: Ich wollte weitermachen. Ich wollte keinen Gips. Malkurs, Physiotherapie, Gitarre, das war alles schön. Aber nicht jetzt. Jetzt noch nicht.

Was für eine Wohltat, diese beruhigende, gelassene Art von Gerd Osenberg. Der hat eine Art, mit uns Athletinnen umzugehen, daß man denkt, er ist nur ganz allein für einen selbst da. Aber das denkt jede, die bei ihm trainiert.

Wir sind dann am nächsten Tag zu einem anderen, ebenfalls im Sport sehr erfahrenen Orthopäden gefahren, der den Schaden am Knie nicht so dramatisch einschätzte. Ich erhielt ein Medikament ins Knie gespritzt, das erst einmal zwei Tage lang ins Gewebe einziehen sollte. Vorsichtig begannen wir wieder zu trainieren. Das Knie wurde nur bis zur Schmerzgrenze belastet. Nach und nach ließen die Schmerzen nach, und eines Tages waren sie weg.

Für ein Physiotherapie-Studium ist es heute natürlich zu spät. Aber ich male noch genauso gerne wie damals. Und Gitarre spielen kann ich nach Los Angeles schließlich immer noch lernen.

IV. Kapitel
Markenartikel

»Sport ist richtig Busineß geworden.«

Die Straßen sind noch leer von der Nacht, und es regnet. Der Frühverkehr hat noch nicht eingesetzt. Die Luft ist warm vom grauen, dünnen Regen, und in dem Wasserdunst bricht sich das Licht aus den Scheinwerfern. Ulrikes Gesicht sieht in dem dämmerigen Wageninneren aus, als hätte es sich ein sehr guter Maler für einen regnerischen Montagmorgen in der Großstadt ausgedacht. Ihr Flugzeug nach München geht um 6.35 Uhr.
Es ist wirklich Montagmorgen. Gestern war es noch sonnig und warm gewesen. Die Deutschen Leichtathletik-Meisterschaften 1983 sind vorbei. Ulrike war über zwei Meter gesprungen. Sie hatte nicht geglaubt, Ende Juni schon so hoch springen zu können. Bis zur Weltmeisterschaft in Helsinki sind noch fast sechs Wochen Zeit. Zum Abschluß der Meisterschaften war sie mit dem Rudolf-Harbig-Gedächtnispreis ausgezeichnet worden. Das ist ein Wanderpreis für besonders verdienstvolle Athleten. Meistens bekommt man ihn am Ende seiner Laufbahn.
Am Abend waren Kurt Bendlin und Manon und Jochen Eigenherr dagewesen. Wir hatten ein bißchen gefeiert, aber Ulrike wollte keinen Sekt. Manon hieß, ehe sie geheiratet hatte, Bornholdt mit Nachnamen. Sie alle hatten 1972 noch mit Ulrike zum Kreis der Nationalmannschaft gehört. Es war das Ende ihrer Laufbahn gewesen. Ulrike hatte als einzige Mühe mit der Erinnerung. Ich war damals noch viel zu jung, sagte sie. Alle waren sie so eine Art Sportwunderkinder gewesen. Als ihnen das einfiel, amüsierten sie sich darüber, und sie waren froh, daß es nun hinter ihnen lag.
Ulrike sieht so starr geradeaus, daß die Scheibenwischer sie

schwindlig machen müssen. Sie schläft mit offenen Augen. Mir fällt ein, daß eine internationale Werbeagentur ihren Marktwert auf fünf Millionen taxiert hat.
Weißt du was, ich habe noch nie soviel Geld im Auto spazierengefahren.
Was für Geld?
Dich. Dieser Charles Wilp behauptet, du bist als Werbefigur fünf Millionen wert.
Ulrike hat manchmal so eine Art, kurz aufzulachen, daß man nicht weiß, ob sie nun amüsiert ist oder überrascht oder ärgerlich.
Hoffentlich bist du gut versichert, sagt sie.
Müde?
Ja.
Und der Rücken?
Tut weh.
Die Werbeleute von deiner Strumpffirma sollten dich jetzt sehen. Sie seufzt. Die Scheibenwischer kratzen bei jeder Drehung auf der Scheibe, weil der Regen so dünn ist und es nicht einmal einen ordentlichen Wasserfilm auf der Scheibe gibt.
Die junge Frau hinter dem Flugschalter trägt einen blauen Rock und eine blaue Strickjacke. Unter der Strickjacke trägt sie eine gelbe Bluse, und die Bluse paßt genau zu ihren sorgfältig rundgeschnittenen Haaren. Sie sieht genauso aus wie die jungen Frauen, mit denen Fluggesellschaften ihre Freundlichkeit und Vertrauenswürdigkeit darstellen. Ulrike erklärt ihr, daß für sie ein Flug nach München bestellt worden ist.
Ihr Name?
Meyfarth. Ulrike sagt Meyfarth wie andere Leute Müller sagen oder Meyerdierks. Seltsamerweise wird ihr das manchmal als Unfreundlichkeit ausgelegt.
Meyfarth, Ulrike, sagt die Lufthansa-Stewardeß, als sie den Namen in der Liste gefunden hat. Ulrike ist froh, daß sie kein Autogramm zu geben braucht.
Auf der Traubenzucker-Reklame in den Zeitungen beißt Ulrike in das weiße Zuckerplättchen so heiter und so voller Lust, als hätte sie gerade das Allheilmittel gegen Karies erfunden.

Wenn sie keinen Traubenzucker mag, sagt sie es besser nicht öffentlich. Vielleicht mag sie ihn ja auch.

In München muß sie drei Tage bleiben, um den Fernsehwerbespot für ihre Strumpffirma abzudrehen. Sie holt ein paar zusammengeheftete Blätter aus der Tasche. Guck mal hier, mein Regieblock. Auf den Bildern für den Film sieht Ulrike genauso aus wie auf der Traubenzucker-Reklame.

Das ist also deine Strumpffirma.

Wieso meine?

Ob das wirklich ihre Strumpffirma ist oder nicht, sagt sie besser nicht öffentlich. Vielleicht ist es ja auch ihre.

Wenn ich sage, die Strümpfe, für die ich werbe, trage ich nicht selbst, dann sind die in München natürlich sauer auf mich. Und wenn ich sage, ich trage nur diese Strümpfe, gibt es bestimmt 'n Haufen Leute, die die Nase rümpfen und sagen: Was die bloß für Strümpfe trägt.

Gar nicht leicht, immer ein positiver Typ zu sein, was?

Es ist gerade sechs. Das Licht in der Cafeteria des Bremer Flughafens ist vor Müdigkeit noch ganz gelb. Ulrike hat ein Glas Tee getrunken und ein halbes Käsebrötchen gegessen, und so, wie sie jetzt aussieht, würde sie ihren Werbeleuten schon besser gefallen.

Die Frau hinter dem Tresen sieht immer wieder herüber, als hätten wir noch nicht bezahlt. Wenn Ulrike zu ihr hinübersieht, blickt sie weg, und ich denke: Wie sollen die jemals ins Gespräch kommen? Es gibt so viele Menschen, die Ulrike kennen und mit denen sie doch nie ins Gespräch kommen kann, weil sie irgendwie auf der anderen Seite steht, ohne daß man genau sagen kann, was für eine Seite das ist.

Ich hole noch einmal Kaffee, Tee und Brötchen. Die Nische, in der unser Tisch steht, ist mit Spiegeln verkleidet, und so kann ich, während die Frau hinter dem Tresen noch die Brötchen zubereitet, Ulrike gleichzeitig von vorne und von hinten und von der Seite sehen. Sie hat eine Bluse von einer Sportartikelfirma an und Schuhe und eine Jacke von derselben Firma. Dort halten sie sich etwas darauf zugute, daß Ulrike ihre Sachen trägt. Aufregend sind die gerade nicht, aber sie haben einen bestimmten sportlichen Chic. Vielen Menschen gefällt dieser Chic, wie ihnen ihre eigene Jugendlichkeit gefällt. Wenn man diese Sachen trägt, fühlt man sich gleich elastischer, und man fühlt sich dieser Welt des Sports auf unanstrengende Weise zugehörig. Auf einmal fällt mir auf, daß ich mich kaum an Kleider von Ulrike erinnere. Alles, was sie anhat, sieht bei ihr ganz selbstverständlich aus, auch wenn es raffiniert ist. Vielleicht kommt es daher, daß ihr Körper gewohnt ist, sich jederzeit natürlich zu bewegen. Vor einigen Jahren hat Ulrike mal einen Mannequin-Kurs besucht. Sie ist so groß, sagt ihre Mutter, große Frauen haben es schwer, wenn sie sich natürlich bewegen sollen. Sie sehen so leicht ungeschickt aus.

Zu unserem Tisch gehe ich mit mittelkurzen Schritten zurück und setze dabei die Füße so auf, wie ich mir das bei einem Mannequin vorstelle, und balanciere dabei mit dem Tablett.

Wie gehst du denn?

Ich hab' gerade einen Mannequin-Kurs gemacht. Ulrike hustet, weil sie sich beim Lachen verschluckt hat. Ein Mannequin geht so, sagt sie und geht von unserem Tisch bis zum übernächsten Tisch, dreht sich leicht über die Fußspitzen herum und kommt zurück, und ich denke: Ja, genauso geht ein Mannequin.

Jetzt bist du wach geworden, sage ich.

Als Ulrike sich vorbeugt, um in ihr Brötchen zu beißen, fällt das Licht der Tischlampe über ihr Gesicht. Alles in ihrem Gesicht sieht weich aus, als schliefen die Gesichtszüge noch, und es ist keine Spur Schminke darin.

Jetzt muß ich drei Tage nach München, und am Mittwoch geht in Leverkusen das Training wieder los. Ich mache heute soviel Sachen nebenbei. Früher hätte ich mir das nie erlaubt.

Wo sie jetzt doch den Amateur-Paragraphen so großzügig auslegen. Du wärst schön dumm, wenn du diese Chance nicht nutztest.

Busineß, sagt Ulrike. Busineß. Das Wort macht ihr Vergnügen. Sie hat es noch nie mit sich selbst in Verbindung gebracht. Sport ist richtig Busineß geworden. Sie sieht aus, als wolle sie noch etwas dazu sagen, aber sie sagt nichts mehr, und ich frage: Und?

Manchmal weißt du gar nicht mehr richtig, warum du das alles machst. Ich meine, worauf es ankommt. Es geht alles durcheinander.

Schräg hinter uns sitzt ein Mann und liest Zeitung. Auf der ersten Seite ist ein Bild von Ulrike, wie sie über zwei Meter springt.

Willst du 'ne Zeitung?

Wenn ich mal nicht bekannt wär', würde ich ganz anders leben. Sie kichert. Komisch, nicht? Ich wäre dieselbe Ulrike Meyfarth und würde doch ganz anders leben. Ich überlege, ob sie wirklich dann dieselbe Ulrike Meyfarth wäre. Für solche Gedanken ist es aber noch viel zu früh. Und was macht das auch schon?

Dann wird ihr Flug aufgerufen, und Ulrike reiht sich in die Schlange vor der Kontrollschranke ein. In ihrer langen schwarzen Hose sieht sie zwischen den Wartenden ziemlich groß aus. Fast ein Meter Beinlänge – jeder, der will, kann das nachlesen. Es wird immer mal irgendwo wieder geschrieben. Aber das ganze Markenzeichen ist das noch nicht, und was bedeutet auch schon so ein Markenzeichen?

*

Wieviel ist man als Mensch wert? Eintausend Mark? Zweitausend, dreitausend? Oder dreihundert? Ist das nach Angebot und Nachfrage zu regeln? Bei mir ist der Wert unterschiedlich hoch bei einem Werbefoto für Traubenzucker, bei einer Autogrammstunde, wenn ich für eine Automarke Reklame mache oder in einem Fernsehspot für Strümpfe. Jedenfalls liegt jeder einzelne Wert unter meinem Gesamtwert: Ich bin als Werbefigur nämlich mehrfach und wiederholt zu benutzen, und man kann in mich investieren. Was man in mich investiert, kann man natürlich über die Steuer auch wieder abschreiben. Das Objekt Meyfarth hat einen bestimmten Wert. Wenn ich Weltrekord springe, ist der Wert hoch, und als ich 1977 aus der Nationalmannschaft flog, war ich höchstens noch ein menschlicher Fall, aber zum Werbeobjekt hatte es natürlich nicht mehr gereicht.

Aber ich habe nicht das Recht, das anzuklagen. Ich mache ja mit. Du bekommst einen gewissen Bekanntheitsgrad, und auf einmal merkst du, daß du einen Marktwert hast, und du sagst: Okay, dann bezahlt mir den auch. Über diese Mechanismen, die zwangsläufig bewirken, daß du gewissermaßen gehandelt wirst, darfst du dich dann nicht mehr beklagen. Aber du darfst auch nicht vergessen, um was es sich handelt: Objekt Meyfarth.

Zum Glück habe ich einen Manager, der diese Geschäfte für mich besorgt. Manche Athleten stehen da locker drüber und können knallhart um sich feilschen; ich meine das nicht abfällig, sie können sich eben gut verkaufen. Ich kann das nicht. Nach meinem Sieg bei der Europameisterschaft in Athen meldete sich zum erstenmal die Agentur »Sport-Werbung-Freizeit« bei mir. Sie versprach mir, Werbeverträge für mich auszuhandeln. Die Agentur kassiert von mir zwanzig bis fünfundzwanzig Prozent der Gesamtvertragssumme als Provision und ist somit daran interessiert, mir möglichst viele und möglichst hohe Verträge zu beschaffen.

Vor 1981 wäre das noch nicht möglich gewesen. Doch auf dem Olympischen Kongreß in Baden-Baden wurde im Herbst 1981 der Amateurparagraph neu gefaßt. Wir Athleten durften fortan Startgelder und Werbeprämien erhalten, ohne gegen die Amateurbestimmungen des Internationalen Olympischen Komitees zu verstoßen und von Olympischen Spielen ausgeschlossen zu werden. Ich erinnere mich, daß bei den Olympischen Winterspielen 1972 in Sapporo der österreichische Favorit im Abfahrtslauf, Karl Schranz, ausgeschlossen wurde, weil er gegen die Amateurbestimmungen verstoßen hatte. In Wahrheit hatte Schranz nichts anderes getan als die meisten anderen auch. Ein Exempel statuieren, hieß das damals. Das war eine verlogene Argumentation, wie überhaupt der Amateurbegriff aus vielen Lügen und Scheinwahrheiten bestand. Als er Ende des 19. Jahrhunderts entstand, mag er seine Berechtigung gehabt haben. Doch die Menschen, die ihn damals geprägt hatten, konnten sich ihren »Amateurismus« leisten. Sie hatten genug Geld, um nach diesem Ideal leben zu können. Außerdem war der Sport damals wirklich noch die wichtigste Nebensache der Welt. Spitzenleistungen waren noch ohne gesundheitliche und existentielle Risiken zu erreichen. Inzwischen gibt es für uns Athleten immerhin eine Teil-Absolution, wenn wir »sündigen«. Wir dürfen mit dem Sport Geld verdienen, solange wir unsere Existenz nicht aus den Einnahmen durch den Sport bestreiten. Ich wette, es gibt eine ganze Anzahl von Berufssportlern, die viel weniger Geld mit ihrem Sport verdienen als sogenannte »Olympia-Amateure«.

Die Funktionäre hatten also eingesehen, daß sich die Spitzensportler mit Amateurstatus ihr Training existentiell nicht mehr leisten konnten. Mit Massagen, geistiger und körperlicher Regeneration, Reisen zu den Wettkämpfen, Trainingslager kommen viele von uns im Jahresschnitt locker auf eine Vierzig-Stunden-Woche für den Sport. Die meisten Spitzensportler aus westlichen Ländern können sich keinen Beruf neben ihrem Sport leisten; man schafft das einfach nicht. Und die Berufe, die von Athleten aus dem Ostblock angegeben werden, stehen in überwiegender Mehrzahl bloß auf dem Papier.

Die existentielle Lage der Athleten war allerdings nicht der einzige Grund, den Amateur-Paragraphen zu lockern. Es war bekannt, daß in der Leichtathletik bei den internationalen Sportfesten Startgelder gezahlt wurden, daß herausragende Athleten unter der Hand Werbung machten und dafür kassierten. Von allen diesen Geldern sahen die Sportverbände keine Mark. Deshalb kamen noch zwei Gesichtspunkte hinzu: Die finanziellen Zuwendungen an die Athleten sollten, indem sie erlaubt wurden, auch kontrolliert werden können, damit aus der Leichtathletik kein Profi-Zirkus werden konnte. Außerdem wollten die Verbände von dem Werbewert ihrer Athleten profitieren. Kurz gesagt: Sie wollten mitkassieren. Ich finde das in Ordnung, denn schließlich tun sie auch eine Menge für uns Athleten und organisieren den Weltsportbetrieb, der schließlich unsere Plattform ist.

Meine Agentur versucht also, mich als Werbeträger in der Industrie unterzubringen. Mir ist das lieb, weil ich nie genau weiß, wie weit ich in solchen Verhandlungen gehen kann, und außerdem hätte ich die Zeit auch gar nicht. Mein Manager organisiert Autogrammstunden-Tourneen für mich sowie Auftritte in Fernseh-Shows. Das klingt vielleicht nach märchenhaften Einnahmen durch den Sport, und deshalb möchte ich mal darstellen, was mir von einer Einnahme über 10 000 Mark bleibt. Zwanzig Prozent gehen an meine Werbeagentur. Von den restlichen 8000 Mark gehen, in der Neufassung des Amateur-Paragraphen wurde das festgelegt, zehn Prozent an meinen Verband, den Deutschen Leichtathletik-Verband, und zehn Prozent an die Stiftung Deutsche Sporthilfe, aus deren Mitteln ich selbst Unterstützungsgelder beziehe. Das sind noch einmal jeweils 800 Mark, so daß mir 6400 Mark bleiben. Fünf Prozent meiner Werbeeinnahmen fließen meinem Klub zu. Mein Klub, die LG Bayer Leverkusen, vergilt mir diese fünf Prozent mehr als reichlich. Von 10 000 Mark bleiben mir unter dem Strich also 6000. Und dann kommt die Steuer. Das Geld wird mir nicht sofort ausgezahlt, sondern auf einem Sperrkonto angelegt. Ich erhalte es nach Beendigung meiner Laufbahn – sozusagen als Startkapital für den Beginn einer neuen Existenz ohne Sport.

Eine Grenze der Vermarktung des »Objektes Meyfarth« habe ich mir allerdings in meinem Vertrag einbauen lassen: Ich kann »nein« sagen. Die Entscheidung, wofür ich werbe und wofür nicht, liegt bei mir. Und damit habe ich auch Einfluß, in welcher Weise mit mir geworben wird. Einfluß vor allem darauf, daß ein geregelter Tagesablauf und geregeltes Training aufrechterhalten werden können.

Aber, habe ich mich erst einmal darauf eingelassen... Poster und Plakate sollten für meine Strumpfwerbung in Zeitschriften in Hamburg produziert werden. Also flog ich mitten in der Trainingsphase morgens um sieben von Köln nach Hamburg.

Welches Kleid soll Fräulein Meyfarth denn nun anziehen? Nein, das blaue paßt nicht vor diesem Hintergrund. Dann wechselt doch den Hintergrund aus. Wieso nehmt ihr nicht ein anderes Kleid? Ich saß im Studio, frisch geschminkt, und dachte: Warum nehmt ihr nicht eine andere Meyfarth? Um zwölf Uhr fingen schließlich die ersten Aufnahmearbeiten an. Und dann ging es nicht. Ich sollte mit einem kurzen Kleid, bei dem die Strümpfe gut zur Geltung kamen, und zarten Ballerina-Schuhen über eine Latte springen. Ich hatte aber nur einen kurzen Anlauf im Studio, und die Schuhe gaben meinen Füßen überhaupt keinen Halt, und als ich sprang, sah ich aus wie ein Grashüpfer, im neunten Monat schwanger. Die Werbeleute fanden das auch nicht super. Aber die konnten, was ich manchmal im Wettkampf auch gerne können möchte: Die konnten zaubern. Jetzt sollte ich überhaupt nicht mehr springen, sondern sie legten mich einfach über ein paar Styroporpodeste, Hüften hoch, Beine baumelnd, Kopf runter, geradeso, als wäre ich mitten im Sprung über der Latte. Jetzt wurden die Röcke so drapiert und in Falten gelegt, daß es wirkte wie im Flug, aber daß es gleichzeitig auch noch schön aussah. Und als alles richtig lag, wurden die Falten genäht oder an meinen Beinen festgeklebt. Dann wurde die Windmaschine angestellt, damit sich mein Rock bauschte wie im Sprung unter freiem Himmel, und ein Helfer spielte, während sie fotografierten und die Windmaschine lief, mit meinem Rock Drachensteigen: Er hielt einen Faden in der Hand, den sie unter meinen Rocksaum genäht hatten. Wenn die Windmaschine meinen Rock zu weit aufplusterte, mußte er ziehen, und er ließ locker, wenn der Rock zu straff saß, denn locker und flockig, so sollte das Poster wirken. Jedenfalls gehört dieser Sprung, bei dem ich mit dem Rücken auf Styroporklötzen liegen mußte, mit zu den anstrengendsten meiner Laufbahn.

Aber das war bloß das Poster. Danach kamen drei Tage Filmaufnahmen in einem zum Studio umgebauten Kino bei München.

Wie soll denn der Hintergrund aussehen? Welche Beleuchtung nehmen wir? Halbschatten oder Hintergrund, das war mir ziemlich egal. Aber dann schickten sie mich auch noch zum Zahnarzt, damit der meine beiden Vorderzähne überkronte. Die Zähne waren zu ungleich, und das ging doch nicht, wo alles so hübsch und ausgewogen hingestellt wurde und die Strümpfe so glatt. Aber am nächsten Tag konnte ich mit den Kronen nicht richtig sprechen und lispelte mein Textchen herunter. Also wieder runter mit den Kronen. Das war mir recht, weil ich mich ohnehin nur widerwillig darauf eingelassen hatte. Der Zeitverlust war nicht so schlimm, denn es wußte ja sowieso noch kein Mensch, welches Kleid ich tragen sollte. Und die Schuhe erst. Also ohne meine Sprungschuhe springe ich nicht, hatte ich gesagt. Es war Juli, die Woche nach den Deutschen Meisterschaften in Bremen, wo ich über zwei Meter gesprungen war. In vier Wochen kamen die Weltmeisterschaften in Helsinki, da verbiege ich mir doch nicht wegen eines Werbefilms meine Füße.

Also elegant muß sie schon aussehen, sagten sie. Ein damenhaftes Kleid und wieder diese zarten Ballerina-Schuhe, in Blau, passend zum Kleid. Eine Frau war nur dazu da, meine Kleider auszusuchen, zu kaufen, zu nähen, aufzubügeln und mich zu schminken, damit ich genauso elegant aussah wie das Kleid. Sie hatte blaues Leder besorgt und meine Sportschuhe damit verkleidet. Es waren die elegantesten Sportschuhe, die ich in meinem Leben getragen habe, aber es waren eben immer noch Sportschuhe und durchaus nicht von filmreifer Eleganz. Ich versuchte mal ganz vorsichtig mit den Ballerina-Schuhen abzuspringen ... und ließ es gleich wieder sein.

Die in München konnten aber mindestens genausogut zaubern wie die in Hamburg. Ich machte meine Sprünge mit den Sportschuhen und meine Anläufe mit den Ballerina-Schuhen. Und weil ich diese Schühchen ja auch mal an den Füßen haben mußte, wenn ich über die Latte flog und auf dem Sprungkissen landete, bin ich mit ihnen von einem Mini-Trampolin rückwärts über die Latte gesprungen. Den Rest hat der Cutter besorgt, der die einzelnen Sequenzen zu einem Film zusammengeschnitten hat. Man muß eben das Ganze sehen und nicht seine Teile.

Zum Ganzen gehörte aber auch mein Sprechteil. Das ist ja nicht nur so, daß man drei, vier Sätze hintereinander sagen muß, sondern gleichzeitig mußte ich noch darauf achten, wie ich meinen Kopf halten sollte und wie die Arme und die Beine zu stellen waren, und ich brachte einfach den ersten Satz nicht raus, weil ich an der passenden Stelle nie die vorgeschriebenen Gesten machte. Und zwischendurch dachte ich: Mein Gott, das hättest du früher nie gemacht, und in vier Wochen sind Weltmeisterschaften.

Der Film und die Poster-Aufnahmen hatten einen Vorteil. Meine Arbeit geschieht da unter Ausschluß der Öffentlichkeit. Bei Autogrammstunden ist das etwas ganz anderes. Da habe ich oft geradezu Magendrücken. Soviel Menschen. Wie soll ich die jetzt zufriedenstellen? Was erwarten die von mir? Wir haben doch im Grunde nichts miteinander zu tun. Und dann schreibe ich »für Michael« oder »für Anneliese«, und ich werde weder Anneliese noch Michael jemals im Leben kennenlernen.

Bei den internationalen Sportfesten ist das viel einfacher. Die wollen nur das von mir, was ich auch geben kann: eine gute Leistung. Das Startgeld wird vorher festgelegt, hinterher wird abgerechnet. Bei einer besonders guten Leistung, etwa einem Weltrekord, gibt es manchmal noch eine Leistungsprämie. Wenn das Sportfest vorüber ist, ist für uns eingeladene Athleten an der Tür des Geschäftszimmers ein Zettel geheftet, auf dem wir unsere Namen für die Abrechnung eintragen, so daß wir nicht in langer Schlange dort warten müssen.

Zu der Zeit, als Sebastian Coe der Superstar in allen Stadien war, verliefen die Abrechnungen nicht immer so leicht. Vor einiger Zeit, als die Startgelder noch ziemlich willkürlich ausgezahlt wurden und die Veranstalter noch nicht versuchten, sich untereinander bei den Startgagen für uns Athleten abzusprechen, war ich einmal beim Ivo-van-Damme-Memorial in Brüssel gesprungen. Wir Athleten warteten Stunden und Stunden, aber nichts tat sich mit unseren Abrechnungen. Ein Freund von mir bezog spät am Abend Posten vor der Tür, hinter der wir unser Geld bekommen sollten. Nichts rührte sich. Endlich faßte er sich ein Herz und trat einfach ein. Da saßen der Herr Veranstalter und Sebastian Coe genüßlich beim Dinner.

Wir waren sauer. Soll der doch sein Sportfest ganz alleine mit Coe machen. Er kann ihn ja hintereinander Weltrekordversuche von 100 Meter bis Marathon unternehmen lassen. Wo Geld eine Rolle spielt, geht die Rivalität leicht über den sportlichen Bereich hinaus. Schließlich hat jeder Veranstalter nur einen gewissen Etat, und wenn der zur Hälfte für zwei oder drei Spitzenstars draufgeht, bleibt für die anderen nicht mehr viel übrig. Gewiß gibt es einen halboffiziellen Kurswert für jeden von uns. Aber ob dieser Kurswert tatsächlich auch immer die ganze Summe angibt, die gezahlt wird? Ich will das mal offenlassen.

Mein erster Auftrag an die Werbeagentur war, mir eine berufliche Perspektive zu verschaffen. An eine Zukunft als Diplom-Sportlehrerin im Schuldienst glaubte ich nicht. Zu viele Kollegen saßen schon seit langem ohne Anstellung und ohne Hoffnung auf der Straße. Inzwischen war ich über sechsundzwanzig und mußte mir ernsthafte Gedanken um meine berufliche Zukunft machen. So festigten sich die Beziehungen zu meinem Sportartikelausstatter. Werbung hatte ich für diese Firma schließlich schon seit Beginn meiner Laufbahn gemacht, indem ich – natürlich auch zu meinem eigenen Vorteil – meine Sportausrüstung von ihr bezog.

Für die Öffentlichkeit gehören wir Leichtathleten zu den Hätschelkindern. Das hat bestimmt auch damit zu tun, daß die Leichtathletik nach außen hin immer noch amateurhaft, gewissermaßen sauber und fern der Jagd nach dem Mammon erscheint. Im Verhältnis zum Skisport oder zum Tennis ist sie das auch. Aber auch wir Leichtathleten müssen an unsere Existenz denken und versuchen, daß die Jahre des Sports für uns später nicht zu verlorenen Jahren hinsichtlich unserer Berufsausbildung und der Grundlage unserer Existenz werden. Von uns Leichtathleten kann sich jedenfalls kaum einer durch den Sport finanziell unabhängig machen. Vielleicht konnten es Sebastian Coe und Steve Ovett, vielleicht auch Edwin Moses. Viele sind auf große Klubs angewiesen, hinter denen ein großzügiger Sponsor oder, wie in meinem Fall bei der LG Bayer Leverkusen, eine große Firma steht. Dort können sie eine Anstellung bekommen, von der sie so weit freigestellt werden, wie es das Training für den Spitzensport erfordert. Mir ist schon lange klar, daß ich nur durch Spitzenleistungen im Hochsprung eine berufliche Existenz finden kann, wie ich sie mir wünsche. Dabei habe ich das Glück gehabt, daß ich in all den Jahren frei von Verletzungen durchtrainieren konnte. Ohne meinen Olympiasieg von 1972 hätte mein Leben anders ausgesehen. Aber wenn ich zehn Jahre später nicht wieder in die Weltspitze zurückgekommen wäre, würden meine Zukunftsaussichten auch vollkommen anders sein, und vielleicht wäre ich gezwungen zu sagen: Es war verlorene Zeit.

Durch den Sport, und weil ich bis auf drei Jahre wenigstens immer zur nationalen Spitze gehörte, war ich finanziell relativ unabhängig von meinem Elternhaus. Mein Vater ist Maschinenbau-Ingenieur. Meine Mutter arbeitete nicht. Das Geld, das wir für ein normales Leben benötigten, war vorhanden. Und doch war ich froh, nicht zu abhängig von meinen Eltern zu sein, denn der Leistungssport zieht ein Studium ungewöhnlich in die Länge. Acht Semester sind die Regelstudienzeit für das Diplom-Sportstudium. Ich brauchte vierzehn. Auch wenn kein Druck vom Elternhaus ausgeht, so ist der Druck, möglichst schnell fertig zu werden, doch da. Ich hätte mich selbst unter Druck gesetzt.

Ohne eine gewisse finanzielle Unabhängigkeit oder durch die Unterstützung von Sponsoren oder die Sporthilfe kann man heute im Spitzensport nicht mehr nach oben kommen; jedenfalls nicht in unserer Gesellschaft. Aber ein Motiv ist das Geld für mich nie gewesen. Sport als Job, das geht bei mir nicht.

Nach der Europameisterschaft in Athen gab es zum Ausklang der Saison noch einen Acht-Nationen-Pokal in Tokio. Eine japanische Sportschuhfabrik bot mir an, in ihren Schuhen zu springen, und versprach mir eine ziemlich lukrative Prämie, wenn ich in ihrem Produkt eine besondere Leistung schaffen würde. Am besten Weltrekord. Eigentlich durfte ich gar nicht in ihren Schuhen springen, aber Tokio ist weit weg von Deutschland. Für einen vierten bis achten Platz sollte ich eine

Grundprämie erhalten. Danach fing das große Geldverdienen aber erst richtig an: Für den dritten, zweiten, ersten Platz gab es Sonderprämien für mich. Und was wurde ich? Fünfte wurde ich. Mit einsachtzig, zweiundzwanzig Zentimeter unter meinem Weltrekord. Ich fühlte mich wie ausgebrannt nach der langen Saison. Ich glaube, ich könnte das nicht, für Geld springen. Auch wenn ich zugeben muß, daß ich es zum Glück nicht besonders nötig habe.

Objekt Meyfarth – na schön. Es gibt mir eine Menge Vorteile. Aber das Subjekt dahinter ist doch mehr.

# V. Kapitel
Hungerzeit

»Einszweiundneunzig – ich hasse diese Höhe.«

Es ist dunkel in dem Tunnel, der aus dem Stadion hinausführt. Der Nachmittag ist sonnig, und das macht den Tunnel noch dunkler. Ulrikes Gesicht sieht blaß aus in dieser Dunkelheit. Man kann ihr ansehen, daß sie müde ist. Sie wirkt erschöpft und abgehetzt, und ihre Unruhe läßt sie mit jedem Augenblick müder aussehen.

Muß ich da jetzt raus, fragt sie. Nein, da geh' ich jetzt nicht raus.

Am Ende des Tunnels drängen sich Autogrammjäger. Ulrike ist einseinundneunzig hoch gesprungen und Deutsche Meisterin 1975 geworden, und die Zuschauer im Gelsenkirchener Parkstadion feiern sie. Die Meyfarth ist wieder da.

Ulrike hat schon ein halbes dutzendmal ihre Geschichte erzählt, wie sie nach dem Leistungstief der beiden vergangenen Jahre wieder nach oben gekommen ist. Jeder will die Geschichte hören, und Ulrike muß sie immer wieder erzählen. Dabei wird der Kreis der Zuhörer größer und größer, denn niemand, der zugehört hat, geht weg. Als müßte noch etwas kommen, woran die Fortsetzung der Geschichte zu erkennen ist. Eigentlich ist es gar keine Geschichte. Ulrike erzählt bloß, wie schwer es gewesen war, nach ihrem Olympiasieg normal weiterzuleben. Und dann waren da noch die Verletzungen. Wie sie das alles erzählt, klingt es manchmal ein bißchen so, als sei irgend jemand an ihrer Geschichte schuld, und sie wisse bloß nicht, wer. Ulrike hat immer weniger Lust, ihre Geschichte zu erzählen. Es gehört auch nicht zur Goldkind-Geschichte. Die Goldkind-Geschichte fängt jetzt erst wieder an. Davor scheint sich Ulrike am meisten zu ängstigen.

In diesen Sommern 1973 und 1974 habe ich nur noch selten an Ulrike gedacht. Hin und wieder stehen Meldungen über sie in den Zeitungen: »Olympiasiegerin Meyfarth leidet an Knochenhautreizung« – »Das Goldkind brach sich den Fuß« – »Unsere Ulrike – gewachsen und Ärger mit den Pfunden«. Bei den Deutschen Meisterschaften 1973 gewinnt sie mit einsdreiundachtzig. Das sind für sie neun Zentimeter zuwenig.

Die Meldungen in den Zeitungen haben meist einen ähnlichen Unterton, genauso wie die Gespräche über sie auf den Sportplätzen. Im ersten Sommer nach ihrem Olympiasieg wird Ulrike noch bedauert. Ihr schweres Los, am Anfang der Karriere gleich den Höhepunkt zu erleben. Ihre Verletzungen. Der Mittelfußknochen gebrochen, stellen Sie sich vor, ein Ermüdungsbruch, wo das Mädel man gerade siebzehn ist.

Meistens erweitern sich diese Art Gespräche von Ulrikes persönlichem Fall ins Allgemeine. Sollte Halbwüchsigen der Leistungssport nicht überhaupt verboten werden? Die Knochen, die Gelenke und selbst die Wirbelsäule sind doch noch gar nicht fest genug. Schließlich ist selbst die Meyfarth noch ein paar Zentimeter gewachsen. Und die Schule erst. Und oben im Kopf, Weltstar mit sechzehn, wenn die normal gewesen ist, dann bleibt sie's nicht. Und wenn sie's bleibt, dann ist sie nicht normal.

Die Gespräche auf den Sportplätzen sind zuerst direkter als die Meldungen in den Zeitungen. Manche Zeitungen machen in diesem Punkt bald Boden gut.

Im Sommer darauf wird Karin Wagner aus Mainz Deutsche Meisterin im Hochsprung. Nun ist die Olympiasiegerin nicht einmal mehr die Beste im eigenen Land. Der Unterton in den Zeitungsmeldungen und in den Gesprächen verändert sich. Das ist kein Goldkind. Das war bloß Glück. Glück scheint zu dieser Zeit im Zusammenhang mit Ulrikes Olympiasieg etwas Ungehöriges zu sein. Es stellt einen Widerspruch zum Können dar. Ein Goldkind muß es aber durch Können geschafft haben und nicht durch Glück. Denn das Goldkind war ja selbst das Glück.

Immer, wenn ich an Ulrike dachte, fiel mir das Bild ein, wie sie nach ihrem Siegessprung bei der Olympiade in München unter der Hochsprunglatte sitzt, ihr Lachen so groß wie das ganze Stadion samt Himmel.

Bei der Europameisterschaft 1974 in Rom ist Ulrike wieder nur einsdreiundachtzig hoch gesprungen und Siebte geworden. Der Deutsche Leichtathletik-Verband ordnet dies unter der Rubrik »normale Leistungen« ein. Nun wird das eben eine ganz normale Sportlerlaufbahn werden. Man kann nur hoffen, daß es ihr gelingen wird, ihre Welt wieder zu ordnen.

In jenem zweiten Sommer nach ihrem Olympiasieg sagt Ulrike einen Satz, bei dem alle, die sie kennen, auch wenn sie sie nur vom Fernsehen kennen, erschrecken müssen:

Ich hasse diese Höhe!

Ulrike meint die einszweiundneunzig, mit denen sie den Olympiasieg errang und die Weltrekord bedeuteten. Der Weltrekord steht inzwischen auf einsfünfundneunzig, und Ulrikes Bestleistung in diesem Jahr beträgt einsfünfundachtzig. Wir hören diesen Satz und schreiben ihn auf. Es ist ein bemerkenswerter Satz. Der Satz bezeichnet einen bemerkenswerten Fall des Sports.

Der Satz ist eine Anklage.

Wir überhören die Anklage. Sie gilt uns.

Ist irgend jemand für Ulrikes Schicksal verantwortlich?

Ich hasse diese Höhe, sagt Ulrike. Wir erschrecken nicht. Wir sagen bloß: Logisch, immer daran gemessen zu werden, wer hält das aus? Die Arme, wird immer nur an ihrer besten Leistung gemessen.

Aber die Goldmedaille hatte sie erst mal weg, und wer von uns kann schon Olympiasieger werden ...

Wer mit sechzehn etwas tut, das Millionen Menschen beschäftigt und sie fragen läßt, wer ist das eigentlich, diese Meyfarth, schreibt die sich mit »ei« oder mit »ay«; mit »ai« müßte die sich schreiben; wer so etwas tut, der braucht sich nicht zu wundern. Wer mit sechzehn die Zeitungen ihre Druckmaschinen anhalten, die Redaktionen die beinahe fertigen Sportseiten noch einmal neu aufreißen läßt, der wird schon sehen. Der hat selber schuld.

Das olympische Hochsprung-Finale geht kurz vor sieben zu Ende. Wir sitzen in der Redaktion und warten auf Bilder und auf Berichte aus München. Wir haben uns über Ulrikes Sieg und mindestens genauso über ihre Freude nach jedem gelungenen Sprung gefreut. Das ist ja ein richtiges Sportmärchen. Die Märchen sind so schön, und wir sind alle ein bißchen gerührt über dieses junge Mädchen, das mit vollkommener Natürlichkeit eine Welt erobert, die wir für eine künstliche halten. Doch die Zeitung muß fertig werden, und es sind noch immer keine Bilder da, und in dem ersten Agenturbericht aus München steht bloß das, was wir am Fernseher selbst gesehen haben. Wir brauchen aber etwas Menschliches. Jeder will doch am nächsten Tag etwas Menschliches über dieses Mädchen wissen.

Etwas Menschliches ist, worin wir uns selbst erkennen. Oder wenn unsere Gedanken und unsere Gefühle den Gedanken und Gefühlen, an denen wir gerade Anteil nehmen wollen, plötzlich so ähnlich sind, als gebe es da gar keinen Unterschied. Später kommt ein Bericht, in dem Ulrike sagt: »Heute hatte ich keine Angst, denn heute hatte ich nichts zu verlieren.« Das ist so menschlich, daß sie es gar nicht hätte zu sagen brauchen. Die andere Seite dieses Satzes kann sie an diesem Tag noch nicht bedenken. Von nun an wird sie immer etwas zu verlieren haben.

In dem Tunnel, der aus dem Stadion hinausführt, scheint es heller geworden zu sein, obwohl es in Wirklichkeit dunkler geworden ist. Es ist aber auch draußen dunkler geworden, und unsere Augen haben sich an das Dämmerlicht gewöhnt. Die Autogrammjäger warten noch immer, und Ulrike muß nun doch da raus. Wie sie dann eingekeilt zwischen den Menschen steht und ihren Namen auf die ihr entgegengestreckten Blöcke, Programmhefte, Bilder schreibt, sieht alles genauso aus wie damals in der ersten Zeit nach ihrem Olympiasieg.

*

Das zweite Jahr nach meinem Olympiasieg war nicht anders als das erste Jahr danach: Ich hatte Probleme mit der Schule,

Probleme mit dem Sport, Probleme mit mir selbst. Ich fragte mich, was hat dir dieser Olympiasieg eigentlich gebracht? Die Antwort, die ich damals darauf hatte, war nicht tröstlich und schon gar nicht ermutigend: Er schien mein Leben zum Schlechten verändert zu haben. Alles war komplizierter geworden als vorher. Und mit siebzehn ist es sowieso kompliziert genug; jedenfalls für einen selbst.

Angefangen hatte es ja ganz nett. Als ich von den Olympischen Spielen nach Hause kam, wurde ich am Flughafen von einer Abordnung meiner Klasse am Gymnasium Rodenkirchen in Empfang genommen. In unserer Aula gab es eine kleine Feierstunde. Mein Direktor versprach, mir zu helfen, wenn ich durch den Leistungssport in der Schule Probleme haben sollte. Ein Jahr später, als ich Mühe hatte, über einsachtzig zu kommen, und überall in den Zeitungen die Frage ausgebreitet wurde, warum die Meyfarth nichts mehr brachte, fragte er mich: »Warum hören Sie eigentlich nicht auf mit dem Sport? Sie haben doch alles erreicht.«

Sport galt an unserer Schule nicht viel. Das war mir einerseits lieb, denn so wurde nicht viel Aufhebens um meinen Olympiasieg gemacht und auch nicht, als ich in den beiden Jahren danach die öffentlichen Erwartungen nicht erfüllen konnte. Andererseits hatte ich immer das Gefühl, etwas Unpassendes zu tun. »Die soll lieber mehr für die Schule arbeiten als hochspringen«, hieß das bei den Lehrern allgemein, und ich paßte auf, daß niemand erfuhr, wieviel ich wirklich trainierte und wie wenig Zeit ich für die Schule hatte.

Ich verkroch mich, machte mich klein und wurde immer stiller und dachte: Nur nicht auffallen. Das fiel mir im Unterricht nicht besonders schwer, weil ich in der Schule noch nie besonders aufgefallen war. Nur die ersten Wochen nach dem Olympiasieg waren schrecklich. Schulkameraden aus der Unter- und der Mittelstufe belagerten unseren Klassenraum und wollten Autogramme von mir. Das war mir ungeheuer peinlich, und eine Zeitlang habe ich mich nicht auf den Pausenhof getraut. Meine Klassenkameraden behandelten meinen frischen Sportruhm eher unbeteiligt, und das war mir sehr lieb. Die Schule war damals so ziemlich der einzige Ort, wo meine sportlichen Leistungen direkt keine Rolle spielten.

Dort aber, wo die Distanz zum Sport am wichtigsten gewesen wäre, gab es sie nicht: in meinem Kopf, in meiner Familie. Eigentlich hatte ich mir vorgestellt, mit meinen Leistungen müsse es nun so weitergehen. Das war natürlich ziemlich naiv. Aber woher sollte ich das damals wissen? Bei den Deutschen Meisterschaften 1973 gewann ich zwar, doch ich schaffte nur einsdreiundachtzig.»Eine Olympiasiegerin springt nicht einsdreiundachtzig«, sagte mein damaliger Trainer Günter Janietz, bei dem meine Laufbahn begonnen hatte.

Auf einmal zeigte sich, daß wir alle mit diesem Erfolg nicht umgehen konnten. Ich hatte das Gefühl, mir selbst und überhaupt allen möglichen Leuten bessere Leistungen schuldig zu sein. Ich war doch die Olympiasiegerin. Mein Trainer war überhaupt nur noch enttäuscht von mir und verstand meine Situation von allen am wenigsten. Irgendwann, 1974, als er auch den allerletzten Rest Hoffnung verloren hatte, sagte er, jetzt sei ich wohl ein Fall für den Psychiater. Meine Eltern versuchten mir zu helfen. Dafür war ich ihnen dankbar. Heute wissen wir, daß es genau die falsche Art Hilfe war, sie half ja auch nicht. Meine Eltern versuchten, meinen Leistungsdruck zu verstehen, mich in meinen sportlichen Zielen zu unterstützen; sie machten mir das Leben so leicht wie möglich: fuhren mich mit dem Wagen zum Training, holten mich ab, nur damit ich Zeit sparen konnte, suchten mit mir nach Wegen. Wir haben die neun Zentimeter, die mir 1973 zu meiner Olympiahöhe fehlten, furchtbar ernst genommen.

Statt Distanz zu suchen, suchten wir nach Erklärungen, warum es mit dem Hochsprung nicht mehr klappte. Wir hatten keine Ahnung. Ich bekam eine Knochenhautreizung, weil ich meinen Sprungfuß immer falsch belastete. Mal waren es für mich die falschen Schuhe, weil ich doch die richtige Sprungtechnik hatte. Mal war es die falsche Technik, weil die Schuhe doch richtig sein mußten. Und alle in meiner Umgebung sagten, du mußt eben versuchen, wieder hochzukommen. Ich hatte Schmerzen unter der linken Fußsohle, dann fing die Ferse an, mir weh zu tun, und im Sommer hatte ich einen gebrochenen Mittelfußknochen. Ein Ermüdungsbruch. Mein Trainer wollte mir meine Verletzungsanfälligkeit nicht glauben und meinte, ich redete mich nur heraus. Weil mein Fuß ständig irgendwo weh tat, versuchte ich, die schmerzende Stelle zu schonen, und verlagerte die Belastung. Die Folge war, daß der Fuß bald überall schmerzte und kaum noch zu gebrauchen war. Bei den Europäischen Juniorenmeisterschaften wurde ich mit Ach und Krach Zweite, und das war für eine Olympiasiegerin natürlich wieder mal viel zuwenig. Mit einsachtzig beendete ich die Saison 1973, unzufrieden und ohne klare Vorstellungen, wie es weitergehen sollte. Aber weitergehen sollte es doch. Man lernt das Hoffen, wenn man unten ist; auch wenn man nicht genau weiß, warum. Vor allem mußte mein Fuß ausheilen. Nur vom Hausarzt gab es eine Beruhigung für meine Eltern: »Ulrike hat ein gesundes Phlegma«, sagte er, »übersteigert ehrgeizig wird die nie.«

Siebzehn war ich, nicht richtig glücklich, manchmal dafür unglücklich, ohne zu wissen, warum. Ich machte mir Sorgen um mein Abitur. Ich wollte Sport studieren, ohne daß ich damit eine klare Berufsvorstellung vor Augen hatte; mein Körper war dabei, sich zu verändern. In den Boulevardzeitungen las ich: »Ulrike Meyfarth hat Liebeskummer« oder »Kummerspeck verhindert neuen Höhenflug«, und ich sah dazu Bilder »vorher« und »nachher«; wie schlank ich bei meinem Olympiasieg gewesen war und wie moppelig ich jetzt aussah. Ich nahm mir alles furchtbar zu Herzen und war zugleich wütend, weil es niemanden etwas anging. Ich wußte ja selbst, daß ich hier ein Pölsterchen mehr und dort ein Pfündchen zuviel hatte.

Damals besuchte mich ein Reporter von der »Bild-Zeitung« und fragte nach allen möglichen Sachen, die niemanden etwas angingen, und ich dachte, ich müßte jetzt antworten, weil mich doch so viele Menschen kennen. Mein erster Freund, mein erster Schultag, mein erster Kuß und so weiter. Meine Mutter saß dabei, und ich wurde immer wütender auf meine Mutter, weil sie den Reporter nicht rausschmiß und es gestattete, daß er mich solchen Unsinn fragte. Ich wollte nicht in die Zeitung.

Aber wenn sie ihn rausgeworfen hätte, hätte es wahrscheinlich auch in der Zeitung gestanden.

1974 wurde ich bei der Deutschen Meisterschaft von Karin Wagner geschlagen. Bei den Europameisterschaften anschließend in Rom wurde ich Siebte. Bis einsdreiundachtzig hatte ich immerhin keinen einzigen Fehlversuch gehabt, aber einssechsundachtzig waren zu hoch für mich. Der Leistungsabfall hatte allerdings auch einen Vorteil gebracht: Mein Alltagsleben war ruhiger geworden. Ich war nicht mehr so gefragt. In den Monaten unmittelbar nach dem Olympiasieg war das schlimm. Über hundert Briefe in der Woche, ewig ging das Telefon, Heiratsangebote jede Menge, sogar aus dem Orient (meist in Druckschrift beantwortet von meiner Mutter), Menschen, die mich einluden und mit mir ausgehen wollten. Eine Zeitlang wurde ich immer von einem Mann in einem weißen Porsche abgeholt, der nichts von mir wollte und mich bloß ausführte. Ich wußte nicht, was das sollte und wann ich ablehnen und wann ich zustimmen sollte und bei wem. Ich will nur sagen, diese beiden Hungerjahre hatten schon ihren Vorteil. Mein Leben normalisierte sich wieder. Nun mußte ich bloß noch höher springen.

Das Abitur kam heran, und ich machte mir immer größere Sorgen. Aber statt mehr zu lernen, trainierte ich mehr, um mich abzulenken. Sehr verschwommen hatte ich immer die Vorstellung, der Sport wird dir später schon irgendein Türchen zum Leben öffnen.

VI. Kapitel
Übergröße

»Lieber einsachtundachtzig als einsfünfzig.«

Wetten, daß wir etwas finden.
 Wetten nicht, sagt Ulrike.
 Mensch, Köln, Millionenstadt. Da muß es doch einen Mantel für dich geben und ein Paar Schuhe und ein Kleid. Und Cordhosen passen doch sowieso immer.
 Du wirst sehen, sagt Ulrike. Wir fahren los, Richtung Kölner Innenstadt. Die Wette hatte damit angefangen, daß Ulrike von ihrem ersten Kölner Presseball erzählte, das heißt, von dem Kleid, das sie sich dafür kaufen wollte. Genauer, von dem Kleid, das sie nicht gefunden hatte. Und ich sagte: Nicht gefunden, das gibt's doch gar nicht. Und dann sagte ich wohl noch: Naja, ihr Frauen. Ulrike fand das ungerecht.
 Wirklich, kein Kleid in meiner Größe zu finden. Wenn die Ärmel paßten, war es unten zu kurz. Wenn es in den Schultern paßte, waren die Ärmel zu kurz, die Ärmel passen wohl sowieso nie.
 Nehmen Sie doch eine lange Hose, und die schneiden wir Ihnen nach Maß, sagte damals die Verkäuferin. Wir nahmen die Hose. Nun fehlte aber noch die Bluse. Bei der Bluse gab es wieder dieselben Probleme wie vorher beim Kleid.
 Aber stell dir vor, am Ende paßte eine Bluse doch, eine einzige! Ich war so froh und sagte, nun ist der Presseball für mich gerettet. Da sah mich die Verkäuferin an, als ob ich nicht ganz richtig wäre, und sagte: So können Sie doch nicht auf den Presseball gehen.
 Wir gehen über den Domplatz zur Hohen Straße hinüber.
 Womit fangen wir an? frage ich.
 Mit dem Mantel.

Ich denke an unsere Wette und frage: Ist Mantel besonders schwer?

Nö, sagt Ulrike, ist alles gleich. Spezialgeschäfte für Übergrößen sind bei unserer Wette ausgenommen.

Ulrike erklärt, daß sie einen Frühjahrsmantel sucht. Die Verkäuferin reagiert für meinen Geschmack ein wenig zu zurückhaltend.

Haben Sie eine bestimmte Vorstellung? fragt sie dann. Ulrike grinst und sagt nein.

Na, dann wollen wir doch mal sehen, sagt die Verkäuferin, und ich finde, daß das der rechte Ton ist, so etwas in Angriff zu nehmen.

Meinst du wirklich, daß wir mittags fertig sind? frage ich. Der Verlierer der Wette muß nämlich das Mittagessen bezahlen. Immer, sagt Ulrike, schließlich soll es mir ja auch gefallen, und ich darf nein sagen, auch wenn es zufällig passen sollte. Du wirst sehen, es geht ganz schnell. Meistens haben sie nur drei Artikel, die annähernd meiner Größe entsprechen. Davon ist mir einer zu weit und einer zu eng, und den dritten mag ich nicht leiden.

Die Verkäuferin erscheint und trägt mühevoll mit erhobenem Arm vier von Bügeln fast auf den Boden herabhängende Mäntel.

Vier, sage ich.

Am besten versuchen wir gleich diesen, sagt die Verkäuferin.

Diese beiden kommen nicht in Frage, sagt Ulrike, die gefallen mir nicht.

Ich glaube, das wäre auch nicht genau Ihre Größe, entgegnet die Verkäuferin.

Aber der, den Sie da in der Hand haben, der ist doch ganz nett, sage ich.

Den ziehe ich ja jetzt über. Ulrike zieht den Mantel an. Im Prinzip ist das schon die richtige Größe. Ich übersehe, daß Ulrikes Pulli vorne aus den Ärmeln herausschaut, und sage: Geh doch mal ein Stück auf und ab.

Wie ist er denn in den Schultern? fragt die Verkäuferin.

Zu eng.

Die Verkäuferin meint daraufhin, dieses Modell sei sehr vollständig verarbeitet, da könne man noch was herauslassen.
Also, zu kurz finde ich ihn jedenfalls nicht für einen Frühjahrsmantel, sage ich.
Nur die Ärmel, sagt Ulrike und streckt ihre Arme vor.
Naja, wenn du die Arme ausstreckst, klar.
Die Verkäuferin stülpt die Ärmel um und sagt: Da ist ja noch Saum drin, mindestens zwei Zentimeter.
Zwei Zentimeter reichen aber nicht, sagt Ulrike.
Aber nett ist er doch? frage ich. Ulrike nickt. Die Verkäuferin meint, wir könnten natürlich einen kleinen Pelzaufsatz auf die Ärmel nähen.
Ich probier' mal den anderen Mantel an, sagt Ulrike.
Das Modell fällt etwas klein aus, sagt die Verkäuferin und starrt immer noch auf die Stelle, wo der Pelzbesatz an die Ärmel genäht werden sollte.
Köln ist eine ziemlich große Stadt. Auf dem Weg ins nächste Geschäft erzählt mir Ulrike, daß sie bei ihrem ersten Auto zusätzlich Löcher in die Führungsschiene für den Fahrersitz bohren mußten, damit sie weit genug vom Lenkrad entfernt sitzen konnte.
Wir haben es anschließend mit einem Kleid versucht. Leider treten bei der Damenkonfektion immer die gleichen Probleme auf. Im Verlauf der Anprobe eines vielversprechenden Kleides nimmt die Verkäuferin eine Serviette zur Hand und drapiert sie unter dem Kleiderärmel wie einen Rüschenaufsatz.
Die Ärmel? Ulrike nickt.
Wieso bist du denn beim Einkaufen bloß so kompliziert?
Ich bin gar nicht kompliziert. Ich bin einsachtundachtzig.
Jedenfalls sitzen wir pünktlich beim Mittagessen.
Wenn man das wenigstens von der Steuer absetzen könnte, sagt Ulrike, und ich antworte, daß ich natürlich unser Mittagessen von der Steuer absetzen kann.
Du kannst dir gar nicht vorstellen, was das kostet, wenn einem nichts von der Stange paßt, sagt sie. Ich denke an Spezialgeschäfte und an Maßschneidereien und sage: Komm, einen Nachtisch kann ich mir noch erlauben.

Wenn ich zehn Zentimeter kleiner gewesen wäre, hätte ich vielleicht nie mit dem Sport angefangen. Meine Körpergröße ist mir immer als etwas Besonderes vorgehalten worden, als ob ich nicht ganz normal wäre. Immer war ich »die Lange«, im Kindergarten, in der Schule, im Konfirmationsunterricht. Wo wächst denn das Kind bloß noch hin? hieß es in der Familie oder bei Freunden. Es ist kein sehr erhebendes Gefühl, für die anderen als Bohnenstange durch die Welt zu laufen.

Lang und dürr, wie ich war, fühlte ich mich unsicher im Kreis meiner Kameradinnen und Kameraden. Röcke mochte ich nicht gerne tragen, denn die Röcke hörten damals, als ich vierzehn war, über dem Knie auf, und ich fühlte mich darin wie ein Storch auf Stelzen mit meinen langen Beinen. Ich weiß noch, wie es bei meiner Konfirmation war. Ich trug ein blaues Kostüm, das ich nicht leiden mochte und nie wieder angezogen habe. Als ich aus der Bank trat, um vor dem Altar eingesegnet zu werden, hörte ich, wie ein Raunen durch die Kirche ging. Am liebsten hätte ich mich umgedreht und allen die Zunge herausgesteckt. Meine Schulfreundin Regine sagte einmal, ich hätte Schuhe wie Geigenkästen. Ich wollte auch gerne schlanke und elegante Schuhe wie die anderen haben. Einmal hatte ich es versucht und mir zu kleine, knapp sitzende Schuhe gekauft. Wie auf Eiern bin ich von der Schule nach Hause gegangen, und meine Füße waren für diesen einen Tag nicht mehr zu gebrauchen.

Meine Mutter sorgte sich. Sie ist selber einsachtundsiebzig groß und hatte ihre Erfahrungen als große Frau gemacht. Woher würde ich einen Partner in der Tanzstunde bekommen, woher Freunde, was würde aus meinem Selbstvertrauen werden? Einen Tanzpartner hatte ich zum Glück gleich in der ersten Stunde schon gefunden, aber als Außenseiterin fühlte ich mich wegen meiner Größe immer noch. Ich war unsicher, und wer sich unsicher fühlt, der ist auch schnell verletzt. Ich war ziemlich zickig in meinen Jungmädchenjahren.

Meine Alterskameradinnen fingen mit Jungenfreundschaften an, ich verkroch mich. Ich konnte mir nicht vorstellen, daß mich irgend jemand einigermaßen anziehend finden konnte.

Die meisten Jungen waren sowieso kleiner als ich. Meine Eltern beschlossen damals: Das Kind muß in den Sportverein. Eines Tages nahm mich Elvira Possekel mit zum Leichtathletik-Training beim TV Wesseling. Elli und ich müssen ein komisches Paar abgegeben haben; sie war mindestens eineinhalb Kopf kleiner als ich, doch ausgerechnet sie nahm mich dorthin mit, wo ich lernen sollte, meine Größen-Komplexe zu kompensieren. 1976 gewann sie übrigens als Startläuferin der 4 × 100-Meter-Staffel in Montreal eine olympische Silbermedaille.

Ich war also auf mehr oder weniger sanften Druck meiner Eltern beim Sport gelandet. Hier war ich zwar auch wieder die Längste, aber das war kein Makel mehr. Im Gegenteil, ich erfuhr, daß ich durch das Verhältnis und die Länge meiner Ober- und Unterschenkel günstige Hebelverhältnisse hatte, daß ich trotz meiner Körpergröße sehr bewegungsgeschickt war – mein Weg als Hochspringerin war vorgezeichnet. Meine Leistungen wurden sehr schnell besser. Zum erstenmal empfand ich meine Körpergröße als Vorzug. Ich verlegte mich immer mehr auf den Hochsprung. Hier konnte ich mir die Bestätigung holen, die ich sonst nicht erhielt oder die ich sonst nicht erhalten zu können glaubte. Verpackt in einen Trainingsanzug, wirkte meine Körpergröße gar nicht mehr so schlimm, und bei den Sportschuhen war es einerlei, ob ich Größe sechsunddreißig oder zweiundvierzig trug, elegant brauchten die zum Glück nicht zu sein.

Außerhalb des Sportplatzes fühlte ich mich nach wie vor unsicher. Das Größenverhältnis wirkte sich auch auf die zwischenmenschlichen Verhältnisse aus. Lehrer reagierten irritiert, wenn ich vor ihnen stand, den Jungen gegenüber blieb ich zickig, weil ich glaubte, daß ich von denen sowieso nicht viel zu erwarten hatte. Oft ärgerte ich mich über mich selbst. Ebensooft ärgerten sich andere wohl auch über mich. Arrogant sollte ich sein, dabei war ich bloß unfrei. Ich glaube, in diesem Punkt tut man großgewachsenen Menschen ohnehin leicht unrecht. Weil sie so groß sind, bewegen sie sich meist langsamer, natürliche Bewegungen sehen bei ihnen leicht ein bißchen blasiert aus, und immer sehen sie auf andere herunter. Doch genauso könnte man sagen, eine Giraffe sei im Gegensatz zu einem Terrier ein blasiertes Tier, bloß weil sie sich gemäß ihrer Anatomie anders bewegt als er. Freunde von mir sagen, daß ich in Gesprächen mit anderen oft in der Hüfte ein bißchen einknicke. Das tue ich unbewußt, um den Größenunterschied zu überspielen.

Obwohl ich im Sport meine Körpergröße zunehmend als Vorzug kennenlernte, blieb die Unsicherheit noch lange. Immerhin hatte ich angefangen, mich dagegen aufzulehnen, immer als Sonderfall angesehen zu werden. Im ersten Semester an der Sporthochschule kaufte ich mir ein Paar sündhaft teure Stiefel. Die Stiefel hatten superhohe Absätze und reichten bis zum Knie. So stiefelte ich durch die Sporthochschule und durch Köln. Natürlich tuschelten die Leute hinter meinem Rücken, aber ich trug die Nase so steil und hoch, wie meine Absätze waren, und hatte eine boshafte Freude daran, meine Umwelt mit dieser »Geschmacklosigkeit« zu schockieren. Motto: Glotzt mich doch ruhig an, ich bin die lange Meyfarth.

Einsachtundachtzig bin ich groß. Es hat lange gedauert, bis ich gelernt habe, mit meiner Größe zu leben. Der Sport hat es mir leichter gemacht. Hier bin ich kein Sonderfall, sondern die Hochspringerin. Und meine Körpergröße brauchte ich nicht durch den Hochsprung zu kompensieren; sie war mein Kapital.

VII. Kapitel
Montreal

»Ich brauche eine Pause, sonst drehe ich durch.«

Das ist eine dieser Nachrichten, die immer unglaubwürdiger klingen, je häufiger sie einem zugerufen werden.
Die Meyfarth ist raus.
Deutsche Reporter und Fotografen marschieren im Eiltempo aus dem Stadion Richtung Pressezentrum. Es geht auf halb zwölf. Ein friedlicher Vormittag mit Qualifikationswettkämpfen ist im Olympiastadion von Montreal zu Ende gegangen. In Deutschland ist es kurz vor halb sechs. Die Story kann noch in die ersten Ausgaben:
Ulrike Meyfarth in der Qualifikation gescheitert.
Das Gold von München kam nicht zurück.
Vom Wunderkind zum Sorgenkind.
Aufstieg und Fall der Ulrike Meyfarth.
Der Friedensweg in Wesseling ist in den letzten beiden Aprilwochen bis in den Mai hinein am schönsten. Dann blühen dort die Japanischen Kirschen. Der Friedensweg ist eine schmale Straße. Zu beiden Seiten sind die Kirschbäume so dicht gepflanzt, daß selbst an trüben Tagen beständig ein rosiger Schimmer über der Straße liegt. Die Meyfarths wohnen dort in einem Reihenhaus.
Als Ulrike mir im April 1976 am Telefon ihre Adresse sagt, muß ich lachen, und sie sagt: Sie lachen. Die meisten lachen, wenn sie Friedensweg hören. Das ist aber gar nicht so komisch.
Ganz genau weiß ich nicht, warum ich Ulrike Meyfarth besuchen will. Die Anziehungskraft von Menschen mit einer besonderen Geschichte besteht immer ein bißchen darin, daß man glaubt, wenn man diesen Menschen kennenlernt, bekäme

man etwas von seiner besonderen Geschichte ab. Als wir das erstemal am Telefon miteinander sprechen, ist sie sehr zurückhaltend. Danach wird sie verschlossen und zuletzt ein bißchen unfreundlich, weil ich ihre Zurückhaltung ignoriere und genauso rede, wie so viele mit ihr reden, nämlich als wären wir seit ihrem Olympiasieg miteinander gut bekannt. Das mag ja richtig sein, daß sie zurückhaltend ist, introvertiert, heißt es immer, als wäre mit diesem Wort ein Charakterzug der Meyfarth bloßgelegt und für immer festgelegt. Sie scheint verletzt zu sein.

Frau Meyfarth macht die Haustür auf. Mutter Meyfarth hat auch den Brief geschrieben: »... freundliche Grüße auch im Namen von Ulrike, Doris Meyfarth.« Mutter Meyfarth betreut, beschützt, vereinbart, korrespondiert, weist ab, rückt zurecht. Mutter Meyfarth beantwortet auch die Liebesbriefe und Heiratsangebote. Eine großgewachsene Frau, Freundlichkeit, Charme, aber darunter stets etwas Wachsames, Energisches. Mit einem Blumenstrauß und ein paar Artigkeiten ist die nicht zu gewinnen. Ulrike kommt aus dem Wohnzimmer in den Flur, und ich denke, wie das wohl sein muß, immer auf die Männer runterzugucken.

Die kanadischen Kampfrichter decken die Hochsprunganlage mit einer grünen Plane zu. Die Entscheidung soll erst in einer Woche fallen. Der Hochsprung-Bundestrainer Knebel steht von Reportern umringt auf einem Tribünengang und versucht zu erklären, wie das mit Ulrike passieren konnte. Er sagt, daß sie eine falsche Sprungtechnik hat. Der Tag, an dem sie Olympiasiegerin geworden war, liegt knapp vier Jahre zurück. Falsche Sprungtechnik? Und vor allem sei sie zu schwer. Als der Bundestrainer geht, weil er auch nicht mehr sagen kann, beginnt noch eine allgemeine Erörterung über die Auswirkungen der Pubertät auf das Körpergewicht unter besonderer Berücksichtigung des weiblichen Fettgewebes und der weiblichen Muskelstruktur.

Wir haben uns ins Eßzimmer gesetzt, mit dem Fenster zur Straße hinaus. Ich versuche, mir das möglichst leicht zu machen, sagt Ulrike, ich hab' nun mal diesen Olympiasieg, und nun muß ich damit leben. Draußen blühen wunderschön die Mandelbäume, und es ist wirklich ganz friedlich. Ulrike sitzt in ihren Stuhl gegossen, und ihre Füße sehen auf der gegenüberliegenden Seite unter dem Tisch hervor.

Manchmal sage ich mir auch, hoffentlich wirst du jetzt der Sache gerecht, sagt Ulrike. Sie erzählt, daß sie natürlich immer wieder mal an München denkt, aber daß der Olympiasieg immer weniger Bedeutung für sie hat, je häufiger sie daran denkt. Es sei damals alles so furchtbar einfach für sie gewesen. Viel zu leicht. Diesmal werde Olympia ganz anders für sie sein. Auf jeden Fall schwieriger. Und zugleich wieder leichter, weil sie jetzt doch viel mehr Erfahrung habe. Immerhin ist Ulrike 1975 wieder einszweiundneunzig hoch gesprungen und hinter Rosemarie Ackermann aus der DDR die zweitbeste Hochspringerin der Welt gewesen.

Aus Erfahrung wird man halt klug. Aber das dauert eben seine Zeit.

Ulrike erzählt, ohne den Sport wäre sie unglücklich. Man müsse das mit einem Drogensüchtigen vergleichen. Ihr Körper sei so an das Training gewöhnt, daß sie kribbelig werde, wenn sie mal ein paar Tage nicht trainiert habe.

Ich bin unheimlich gespannt auf Montreal, sagt sie, wenn ich dort Bronze gewinne, ist das mehr wert als die Goldmedaille von München.

Am Nachmittag nach der Hochsprung-Qualifikation suchen sehr viele Leute Ulrike Meyfarth im olympischen Dorf. Ein Fotograf hat ein Bild dabei, auf dem sie weinend, gestützt auf Brigitte Holzapfel, von der Hochsprunganlage weggeführt wird. Hör mal, das kannst du der doch jetzt nicht zeigen. Wieso nicht? Kann sie bloß draus lernen. Ulrike Meyfarth ist nirgendwo zu finden.

Vater Meyfarth kommt zum Mittagessen nach Hause. Er ist Maschinenbau-Ingenieur und Betriebsleiter bei einer der beiden großen Ölraffinerien, die die Gemeinde Wesseling reich und unabhängig vom nur zwanzig Kilometer entfernten Köln gemacht haben. Dafür sieht der Himmel über dem Rhein hier an manchen Tagen wie Schiefer aus. Durch Pipelines von Wilhelmshaven und von Rotterdam wird Rohöl nach Wesseling gepumpt, fünfzehn Millionen Tonnen jährlich damals. An die Raffinerien sind Kunststoffabriken angeschlossen. So schön wie im Westerwald ist es hier nicht. Der Westerwald ist aber nicht weit.

Von ihrem Vater Günther Meyfarth hat Ulrike das nach innen gerichtete Temperament. Sein Gesicht ist still, und man kommt nicht gleich darauf, daß es auch ein energisches Gesicht ist. Vater Meyfarth hat eine Art, das Unangenehme sehr freundlich zu sagen und sehr bestimmt. So spricht er auch über die Folgen des Olympiasieges seiner Tochter. Die große internationale Sportwelt und das damit verbundene Milieu gefallen ihm nicht, er möchte nicht, daß seine Tochter permanent beansprucht wird, und will auch selbst darin keine Rolle spielen. Gleich nach dem Olympiasieg kam der Veranstalter eines dieser großen internationalen Sportfeste noch im Stadion zu ihm gelaufen und hatte gesagt, er komme doch sicher nächste Woche mit Ulrike nach Berlin. Die Flugtickets seien selbstverständlich bezahlt.

Die sollte nicht mehr springen, die sollte wieder in die Schule gehen, sagt Günther Meyfarth, und ich bin froh, daß ich das nicht gewesen bin, der ihn damals nach Berlin hatte einladen wollen.

Wolf-Dieter, Ulrikes Bruder, ist inzwischen von der Schule gekommen, und wir können mit dem Essen anfangen. Er ist zwei Jahre jünger als Ulrike und soll bald Abitur machen. Er erzählt von dem Film, den er damals mit Ulrikes neuer Filmkamera gedreht hatte. Es war ein Film über einen Film, als ein französisches Fernsehteam in Wesseling war. Der Fernsehfilm hieß »La petite soer de Fosbury«. (»Fosburys kleine Schwester«. Dick Fosbury war damals einer der erfolgreichsten amerikanischen Hochspringer. Er ist der Erfinder des sogenannten Fosbury-Flops, bei dem die Hochsprunglatte nicht mehr mit Bauch und Brust zur Latte wie bisher im Straddle, sondern mit Hintern und Rücken zur Latte, also im Flop, überquert wurde. Als 1968 die Nachricht von einem verrückten amerikanischen Hochspringer, der rückwärts über die Latte sprang, nach Europa kam, wollte das niemand glauben. Auch die ersten Fotos von Dick Fosburys Flop lösten noch Heiterkeit und Unglauben aus. Unglauben auch, was die Höhen betraf, die er mit dieser Technik übersprungen haben wollte. Fosbury hatte sich innerhalb eines Jahres dank seiner Erfindung von zwei Meter zehn auf zwei Meter einundzwanzig gesteigert. Das olympische Hochsprungfinale von Mexico City brachte innerhalb drei Stunden eine technische Revolution. Fosbury gewann mit zwei Metern vierundzwanzig. Ein uralter Wettbewerb veränderte sein Gesicht. Bis auf Rosemarie Ackermann aus der DDR und Wladimir Jatschenko waren alle Weltrekordler des letzten Jahrzehnts Flopspringer.)

Ulrike sagt, sie fühle sich weder als kleine noch als große Schwester.

Das war damals aber eine sehr gute Gelegenheit für mich, sagt sie jetzt, denn ich kam in Französisch nämlich nie von einer Vier runter.

Vater Meyfarth sagt, jeder glaubt, in unser Familienleben hineinreden zu können. Mutter Meyfarth räumt inzwischen die Teller ab und sagt, wir haben viele reizende Menschen kennengelernt, aber wir haben weiß Gott auch viel Lehrgeld bezahlen müssen. Ulrike sagt dann noch einmal: Aber dieses Mal wird alles ganz anders. Ich versuche immer, es mir nicht vorzustellen. Denn so, wie man es sich vorstellt, wird es ja wohl doch nie.

In Ulrikes Zimmer schaue ich mich um, ich suche nach ihrer Goldmedaille. Die habe ich in irgendeiner Schublade, sagt Ulrike.

Das war eine sehr typische Erwartung von mir und eine sehr typische Reaktion. Überhaupt ist die Szene auf unangenehme Art typisch.

Als wir uns am nächsten Tag noch einmal treffen, hat Ulrike Geburtstag. Sie ist zwanzig geworden. Unter ihren Geschenken ist ein schmales Bändchen: »Der Kleine Prinz« von Antoine de Saint-Exupéry. Darin ist von einer Rose die Rede, die die Raupen wohl ertragen müsse, wenn sie den Schmetterling kennenlernen wolle. Ulrike gefällt diese Geschichte.

Wenn nun aber die Rose zuerst den Schmetterling kennenlernt und erst dann die Raupen kommen, dann kann es ganz schön schwierig werden, nicht wahr?
 Sie schaut einen Augenblick sehr konzentriert geradeaus. Dann ist es wie bei mir, sagt sie.

*

Auf einmal war ich wieder das Goldkind. Die Olympischen Spiele in Montreal standen bevor. Das Wiedersehen mit Olympia. Reporter kamen wieder häufiger zu uns nach Hause, ebenso Fotografen. Allgemein wurde wieder eine Medaille von mir erwartet. Als hätte es diese Hungerjahre nie gegeben. Als wären die Enttäuschungen nach meinem Olympiasieg bloß ein Zwischenspiel gewesen. Olympia kam wieder, und alles würde gut werden. Schließlich war ich 1975 beim Europapokalfinale von Nizza wieder über einszweiundneunzig gesprungen, und nur Rosemarie Witschas aus der DDR, die geheiratet hatte und jetzt Ackermann hieß, war höher gesprungen; aber auch nur zwei Zentimeter.
 Und ich? Ich freute mich auf Olympia. Damals in München war ich ja im Kopf gar nicht mitgekommen. Diesmal wollte ich die Spiele richtig erleben. Im März war ich bei der Hallen-Europameisterschaft Zweite geworden. Es war angenehm, wieder beachtet zu werden. Auch die Erwartungen an mich waren nicht nur bedrückend, sie bestätigten auch mein Selbstgefühl – oder doch ein Selbstgefühl, das ich gerne haben wollte. Sie ließen mich aber auch meine Zweifel spüren. War ich wirklich wieder so stark und vor allem so sicher? Sicher war ich ganz bestimmt nicht, und soviel war mir klar, daß die Situation mit der vor den Spielen von München überhaupt nicht zu vergleichen war.
 Natürlich hatte ich auch Erwartungen, und was ich nicht erwarten durfte, das erhoffte ich. Die Grenzen waren jedoch nicht klar. Meine persönliche Hoffnung und die Zuversicht, die ich allgemein in mich gesetzt sah, beeinflußten auch meine Erwartungshaltung. Ich durfte nicht mit einer Medaille rech-

nen, aber durfte ich vielleicht nicht doch? Vor dem Abflug fühlte ich mich unsicher, und die Freude auf mein Wiedersehen mit Olympia wurde getrübt durch ein ungutes Gefühl. Vorschußlorbeeren. Ich versuchte, mir den Wettkampf von Montreal nicht auszumalen. Und malte ihn mir doch aus und dachte, so wie du es dir vorstellst, so wird es bestimmt nicht, so wird es nie.

Als unsere Olympiamannschaft nach Kanada abflog, war mein Trainer, Herr Janietz, nicht dabei. Meine Leistungen waren nach dem Tief von 1973 und 1974 zwar wieder besser geworden, aber unsere Zusammenarbeit nicht. Das Vertrauen, das ich ihm vor meinem Olympiasieg uneingeschränkt entgegengebracht hatte, war nicht mehr da, und auch er vertraute mir nicht mehr; meinem Fleiß, meinem guten Willen. Immer wieder hatte er mich vor Olympia gefragt, ob er mich wirklich begleiten solle. Erst hatte ich »ja« gesagt, weil ich es wichtig fand, nicht ohne meinen gewohnten und aus der täglichen Trainingsarbeit natürlich auch vertrauten Trainer in Montreal sein zu müssen. Aber er fragte und fragte, und ich wurde unsicher und fragte mich selbst: Was will er eigentlich? Will er nicht? Irgendwann sagte ich dann, also, wenn Sie nicht wollen, dann lassen Sie es sein, und wenn Sie mitwollen, dann kommen Sie halt mit. Er war ärgerlich und verletzt und blieb zu Hause. Wenigstens hatte ich Herrn Dr. Assenmacher dabei, meinen Sportarzt und einen Mann, dem ich vertraute, weil er mich verstand. So flogen wir über den Atlantik, und ich schwebte buchstäblich zwischen Himmel und Erde. Einerseits war mir klar, so ein Wunder wie in München konnte sich nicht wiederholen, und andererseits hoffte ich es doch.

Der erste Dämpfer kam im olympischen Dorf. Zwei riesige gegeneinandergestellte Pyramiden; enge Appartements; drei zusammenhängende Zimmer, in denen insgesamt vierzehn Athleten untergebracht werden sollten. Ich dachte, das halte ich nicht aus. Eine wollte noch lesen, die nächste das Licht löschen, eine dritte mußte sich bei einer vierten ausheulen, eine andere schimpfte, eine nächste lachte sich über irgend etwas halb tot. Das Wiedersehen mit Olympia fing entzückend an.

Zum Glück war ich nicht die einzige, die unter diesen Wohnverhältnissen litt. Unsere Mannschaftsführung verstand uns und machte ein Quartier hundert Kilometer den Sankt-Lorenz-Strom abwärts in Trois Rivieres aus. Dorthin zog das Gros unseres Teams, ich blieb im Dorf und war ziemlich zufrieden. Sobald die anderen jedoch aus dem Trainingslager zurückkamen, ging der Trubel von vorn los. Ich schlief schlecht, wurde immer nervöser und muffeliger. Ein paar Tage vor der Qualifikation besorgte ich mir Schlaftabletten, und den gesamten folgenden Tag lief ich mit einem Glimmer im Kopf herum und bekam alle Vorgänge um mich herum nur wie hinter einem feinmaschigen Schleier mit.

Wenn doch erst mal diese verdammte Qualifikation hinter mir läge. Doch die Tage dehnten sich und wollten nicht zu Ende gehen. Den Tag vor der Qualifikation verbrachte ich in der Stadt. Ich wunderte mich, wie wenig von den Olympischen Spielen in Montreal zu verspüren war, und versuchte, meine Nervosität zu vergessen.

Morgens um zehn sollte die Hochsprung-Qualifikation stattfinden. Um fünf Uhr stand ich auf, damit mein Organismus, damit jede kleinste Muskelfaser um zehn Uhr ganz wach und leistungsbereit sein würde. Das Gras auf dem Trainingsplatz war feucht vom Tau und blinkte. Der Himmel war schon hell, ich war allein, das Gras duftete. Es hätte ein wunderschöner Morgen sein können. Aber meine Beine waren schwer. Ich war nicht richtig wach und war nicht richtig müde und fühlte mich zerschlagen von der Nacht. Es hätte wirklich ein wunderschöner Morgen sein können, wenn ich bloß nicht so ein verdammt blödes Gefühl im Magen gehabt hätte.

Einsachtzig war die Qualifikation für den Vorkampf. Bei einssechzig stieg ich schon ein. Es ging nicht besonders gut, doch ich ahnte noch nicht, wie schlecht es noch gehen würde. Meine Eltern und mein Bruder waren gekommen und saßen jetzt irgendwo auf der Tribüne und schauten zu. Ich fand sie nicht, ich sprang von Höhe zu Höhe, nur ruhiger wurde ich nicht. Und dann lagen einsachtzig auf. Alles, was ich bis jetzt gesprungen war, galt nichts mehr. Einsachtzig galten und sonst nichts. Ich riß im ersten Versuch. Alle meine Unsicherheit, meine Zweifel, mein Unbehagen der vergangenen Wochen stürzten auf mich ein. Du mußt dich jetzt konzentrieren. Du mußt dich jetzt konzentrieren. Es half nichts. Ich riß auch beim drittenmal, und meine Welt ging unter.

Brigitte Holzapfel nahm mich in den Arm und führte mich weg. Eine Kampfrichterin ging mit, weil ich noch zur Dopingkontrolle sollte. Die Dopingkontrolle war ein ungeheurer, bösartiger Witz. Heide Rosendahl erwartete mich dort, nahm mich in die Arme und tröstete mich, und ich ließ mich trösten, auch wenn ich nichts hörte oder doch wenigstens nicht verstand, was ich hörte, weil ich heulte wie ein Schloßhund. Das Heulen tat mir gut. Nach einer Weile wurde ich ganz leer im Kopf. Montreal, die Olympiade, der Hochsprung, das war alles drin in meinem Kopf, aber ganz am Rande und ganz klein, und ich war froh, daß ich es jetzt hinter mir hatte. Meine Eltern verfehlten mich, und so ging ich ins Dorf zurück, packte meine Sachen und marschierte zu Dr. Assenmacher, um mich noch einmal richtig auszuheulen und noch einmal trösten zu lassen.

Meine Eltern waren mit Freunden nach Quebec gefahren. Für das Finale im Frauen-Hochsprung hatten sie sich Karten bestellt, und so mußte ich zwei Tage warten, bis ich endlich abhauen konnte aus Montreal. Ich wollte bloß alles hinter mir lassen und vergessen. Dies waren zwei Tage meines Lebens, die irgendwie nicht zählen. Ich wartete bloß darauf, daß die Zeit verging.

Als Rosemarie Ackermann meine Nachfolgerin wurde, saß ich mit meiner Familie und unseren Freunden auf der Tribüne. Irgendwie ging mich dieser Wettbewerb nichts mehr an, und ich wunderte mich ein wenig, daß ich nicht enttäuscht war. Am Ende war ich nur froh, daß Rosemarie meinen Olympischen Rekord von München nur um einen Zentimeter übertroffen hatte.

Endlich verließen wir Montreal.

Noch ein paar Tage Ferien in Toronto. Ich versuchte, nicht mehr an den Hochsprung zu denken. Doch wenn ich an ihn dachte, war mir ganz klar, daß ich weitermachen würde.

Nach den Olympischen Spielen fanden in Frankfurt die Deutschen Meisterschaften statt. Ich war froh, noch eine Gelegenheit zu einer besseren Leistung zu haben, und wollte unbedingt Meisterin werden. In Frankfurt bist du ganz unbeschwert und kannst endlich wieder richtig frei springen, dachte ich. Als ich dann vor dem Anlauf zum Sprung stand, hatte ich wieder dieses Brett vor dem Kopf, wie festgenagelt. Es reichte noch nicht einmal für einen Platz auf dem Siegertreppchen.

»Du hast jetzt wenigstens einen Vorteil«, sagte mein Vater damals und grinste, »die Autogrammjäger machen jetzt einen großen Bogen um dich.«

Es dauerte eine Weile, aber dann grinste ich auch.

VIII. Kapitel
»Mitmenschen«

»Manchmal bin ich erschrocken: Millionen kennen mich.«

Wollen wir unser Gespräch vorher noch mal durchgehen? Von mir aus nicht, sagt Ulrike. Laß uns man lieber noch irgendwo einen Wein trinken gehen.
 Gut. Und dabei gehen wir dann die Fragen noch einmal durch.
 Sie grinst. Nervös? Radio Bremen hat uns zu einer Fernsehsendung eingeladen, Sport im III. Programm. Ulrike soll von mir interviewt werden, weil wir uns schon so lange kennen.
 Das ist doch bescheuert, ich soll dich lauter Sachen fragen, auf die ich schon die Antworten weiß, und dann muß ich so tun, als höre ich das alles zum erstenmal.
 Wenn ich soviel Angst vorm Fernsehen hätte wie du, wäre ich schon längst tot.
 Wir gehen in den »Kleinen Olymp«. Früher gab es dort einen Wirt, der seinen Gästen die Weingläser mit einem einzigen Schwung ganz leicht aus dem Handgelenk so voll machte, daß man den ersten Schluck abtrinken mußte, ohne das Glas zu berühren. Der Wirt ist aber nicht mehr da. Macht nichts, sagt Ulrike, Kleiner Olymp paßt doch gut zu mir.
 Sie ist am Nachmittag mit dem Zug von Köln heraufgekommen und muß am nächsten Morgen mit dem ersten Zug wieder zurück. In diesem Wintertraining hat sie keinen Tag zu verschenken. Wir feiern den ersten Advent, in nicht ganz zehn Monaten will Ulrike in Athen Europameisterin werden. Im vergangenen Sommer hat sie alle wichtigen Wettkämpfe gewonnen, den Europapokal und den Weltcup, und sie hat mit einssechsundneunzig ihren Deutschen Rekord um einen Zentimeter verbessert.

Aber die Beste bin ich doch nur gewesen, weil die anderen geschlafen haben, sagt sie.

Das stimmt zwar nicht ganz, aber es hält sie in Bewegung und läßt sie das schwere Training leichter auf sich nehmen. Um Europameisterin zu werden, muß sie Sara Simeoni schlagen, und um Sara Simeoni zu schlagen, wird sie wohl Weltrekord springen müssen.

Kannst du dir vorstellen, daß in gut vier Wochen schon Weihnachten ist, frage ich.

Jetzt bin ich schon fünfundzwanzig, sagt Ulrike.

Mir schien das nicht viel zu sein.

Du hast ja auch einen Beruf, und ich bin, warte mal – Ulrike zählt an den Fingern ihre Semester an der Sporthochschule durch, und als sie bei den Fingern der zweiten Hand ankommt, bricht sie ab. Irgendwie kann ich mir überhaupt nicht vorstellen, als Sportlehrerin in der Schule zu unterrichten.

Brauchst du auch nicht. Die haben sowieso keine Planstellen. Na, für dich vielleicht schon.

Für mich, wiederholt Ulrike. Im Verein und im Leistungssport zu arbeiten, kann ich mir aber auch nicht vorstellen.

Wir bestellen noch einen Valpolicella. Das beflügelt die Phantasie, sage ich.

Ulrike sagt, sie würde immer noch am liebsten in der Rehabilitation arbeiten. Sport als Therapie. Wir haben das Fernsehen inzwischen vergessen, und ich habe Lust, ihr zu sagen, daß ich das ganz in Ordnung finde, weil schließlich eine Menge Leute durch den Sport erkranken. Dann frage ich sie, ob sie nicht vielleicht sogar lieber Nervenärztin werden wolle, um die Sportunfälle zu kurieren, von denen niemand etwas hört. Ulrikes Gesicht paßt aber nicht zu dem leichtsinnigen Valpolicella. Sie sagt, daß sie am liebsten Physiotherapeutin werden will und daß das schon immer ein Traum für sie gewesen ist.

Schön, sage ich, du bist jetzt fünfundzwanzig, du hast doch jede Menge Zeit. Und ich tippe mit meinem Glas ihr Glas an, um ihr zu zeigen, daß ich ihre Entscheidung auch schwierig finde. Ulrike läßt ihr Glas stehen.

Ein ganzes Studium müßte ich dafür noch dranhängen, und

bis ich eine eigene Praxis haben kann, bin ich mindestens dreißig.

Sie kann als Repräsentantin zu ihrem Sportartikelausstatter gehen. Dieses Angebot verspricht, ihr Leben zu klären. Sie braucht bloß ja zu sagen. Wenn sie für diese Firma arbeiten würde, würde sie immer die Olympiasiegerin Ulrike Meyfarth bleiben, Olympiasiegerin wäre dann gewissermaßen ein Teil ihrer Berufsbezeichnung.

Du bleibst dann eben in der großen Sportwelt. Du wirst bei den Olympischen Spielen dabeisein und überhaupt bei allen großen Sportfesten und Meisterschaften, und die Menschen, mit denen du zu tun hast, behandeln dich alle als ehemalige Olympiasiegerin.

Ulrike trinkt ihr Glas aus. Die Kerzenflammen flackern bleich unter den niedrig hängenden Tischlampen. Von den Tischen schwebt das Licht empor und löst sich über unseren Köpfen auf. Die Gesichter der Gäste nehmen unter diesem Licht einen ähnlichen Zug an. Sie sehen alle auf dieselbe Art jung aus, auch wenn es schon etwas ältere Gesichter sind. Man findet eine solche Ähnlichkeit oft auch in den Gesichtern von Menschen, die zeit ihres Lebens als Trainer oder Funktionäre oder Sportfest-Veranstalter in dieser Welt des Sports geblieben sind.

Es ist zwar immer dieselbe Welt, aber es ist doch ein ganz anderer Aspekt, sagt Ulrike. Oder nicht?

Im Schminkraum des Fernsehstudios probiert Ulrike ein Rouge und einen grünen Lidschatten aus. Die Maskenbildnerin sagt, wir müssen noch etwas auf ihre Wangenknochen legen. Sie haben ja so hohe Wangenknochen. Der Chefredakteur sagt zu Ulrike: Schön, daß Sie gekommen sind. Zu mir sagte er: Dann machen Sie mal ein gutes Interview. Hellmuth, der Moderator, fragt: Wollt ihr vorher ein Glas Sekt? Das macht euch high.

Wie find'ste denn meinen neuen Lidschatten? fragt Ulrike, und ich erwidere, daß ich bei ihr überhaupt noch nie einen Lidschatten gesehen habe.

Wir stehen auf dem Korridor und warten darauf, daß man

uns ins Studio führt, und ich denke, so ist das also immer, wenn du irgendwo stehst und wartest, bis sie dich vorführen, egal, ob das nun ein Stadiongang ist oder ein Fernsehkorridor.

Ulrike albert zwischendurch mit Hellmuth und gibt mir ein ums andere Mal einen Klaps auf die Schulter. Du brauchst doch nicht so nervös zu sein.

Zwölf Minuten, was soll ich dich in zwölf Minuten bloß alles fragen? Also wenn ich steckenbleibe.

Das merke ich ja.

Ich tippe dann mit dem Fuß auf, okay?

Ich sage dann schon irgendwas Passendes.

Also paß auf, am Anfang sag' ich, Fräulein Meyfarth, Sie sind in diesem Jahr mit einssechsundneunzig wieder Deutschen Rekord gesprungen. Bei Ihrem Olympiasieg 1972 in München waren es einszweiundneunzig, das war damals Weltrekord, und jetzt steht der Weltrekord auf zwei Meter eins, aber die fünf Zentimeter, die Ihnen jetzt noch fehlen, sind vielleicht leichter zu schaffen als die vier Zentimeter, die Sie seit 1972 geschafft haben.

Müssen wir uns siezen? fragt Ulrike.

Besser, ihr siezt euch, sagt Hellmuth, für das Publikum sieht das besser aus.

Muß ich Fräulein Meyfarth sagen, oder kann ich auch Ulrike sagen und Sie?

Locker, locker, Kinder, sagt Hellmuth, und die Studiotür geht auf, und die Studiogäste klatschen, als sie Ulrike sehen. Mach nicht so lange Sätze, sagt Ulrike, immer nur ganz kurz, so haben sie's am liebsten. Wir setzen uns mit Hellmuth auf ein kleines Podium. Ich bin Fräulein Meyfarth, flüstert Ulrike, und ich sage, Fräulein Meyfarth, Sie sind in diesem Jahr wieder Rekord gesprungen.

Als ich zu sprechen anfange, ist Ulrikes Gesicht plötzlich verändert. Konzentriert und ruhig blickt sie mich ein bißchen an und ein bißchen an mir vorbei zur Kamera, aber auch an der Kamera so gerade eben vorbei und ins Publikum; eingefangen in einem Dreieck aus Aufmerksamkeit und Konzentration und Zuwendung und doch nicht eingefangen, weil sie gut gelaunt und ganz leicht ist und berichtend oder plaudernd oder lachend die Punkte dieses Dreiecks scheinbar mühelos verschiebt.

Ein Film läuft ab. Ulrikes Siegessprung bei ihrem Olympiasieg. Guck mal, was ich da für Beine hatte, noch überhaupt keine Muskeln dran, sagt sie, weil unser Mikrofon gerade ausgeschaltet ist.

Dann ist der Film zu Ende, und die Studiogäste applaudieren. Jetzt ist die unvermeidliche Frage fällig, die Frage, die ihr unendlich oft gestellt worden war und von der ich am Nachmittag gesagt hatte, also das frage ich ganz bestimmt nicht. Ich kann das ja auch nicht mehr hören, hatte Ulrike entgegnet, aber irgendwie gehört diese Frage eben dazu. Und nun, als der Film von München abgelaufen ist, ist sie fällig, die Frage: Wie denken Sie heute über Ihren Olympiasieg, und was empfinden Sie, wenn Sie die alten Filme sehen?

Das war nun München, sage ich. Ulrike grinst und antwortet, als hätte ich die Frage gestellt, die ich nicht stellen wollte.

Als die Sendung zu Ende ist, legt der Chefredakteur einen Hunderter auf Ulrikes Honorar drauf. Hellmuth und die übrigen Fernsehleute wollen mit ihren Gästen noch ein bißchen feiern. Ulrike will gleich nach Hause.

Am nächsten Morgen steht sie um kurz vor sechs auf dem Bahnsteig und wartet auf den Intercity von Hamburg nach Köln. Schneeregen nieselt durch das karge Licht der Bahnhofslampen, und es ist durchaus nicht die Zeit, an Weihnachten zu denken.

*

Jeder Mensch, den man trifft, kann eine Chance sein. Jeder Mensch, den man trifft, kann aber auch eine Forderung sein oder eine Belastung. Zum Glück ist mir nicht ständig bewußt, wieviel Menschen mich kennen, wieviel Menschen ich kennenlerne. Wenn ich mir das fortwährend vor Augen hielte, könnte ich mich vielleicht gar nicht mehr frei bewegen.

Soviel Menschen, aber wer ist wirklich für mich da? Ich glaube nicht, daß ich als Leistungssportlerin mehr Freunde habe als jemand, der weniger Menschen kennenlernt. Bekanntschaften und Freundschaften entstehen nur in dem eigenen Lebensraum. Und mein Lebensraum wird bestimmt durch den Sport.

Alle meine Freunde haben mit dem Sport zu tun, oder ich bin ihnen über den Sport begegnet. Das heißt nicht, daß wir ausschließlich über Sport reden können oder wollen. Der Sport ist lediglich etwas, das uns verbindet. Eine Art Grundlage also, auf der sich unser Verstehen aufbaut. Gemessen an meinem öffentlichen Bekanntheitsgrad kennen mich nur wenige.

Der Trainingsplatz und die Sportstadien sind ein großer Teil meiner Welt, aber für wirkliche Freundschaften ist das kein Boden. Wir haben eine gute Trainingsgemeinschaft bei uns im TuS 04 Leverkusen. Man sieht sich, man redet miteinander, tauscht Probleme aus, aber doch alles mehr oder weniger im Vorübergehen. Als Leistungssportler ist jeder sehr mit sich selbst beschäftigt. Und wenn ich abends weggehen will, was ohnehin nicht so oft vorkommt, muß ich nicht unbedingt die Menschen sehen, mit denen ich den ganzen Tag auf dem Trainingsgelände zusammengewesen bin.

Die Nationalmannschaft ist schon gar keine Umgebung, in der Freundschaften wachsen können. Wenn sie komplett auf Reisen geht, umfaßt sie immer ein paar Dutzend Athleten, manchmal ist der Troß über hundert Mann stark. Und weil dann jedesmal ein Wettkampf bevorsteht, meistens auch ein wichtiger, ist jeder von uns noch mehr auf sich selbst gerichtet als beim Training. Menschen, Menschen, Menschen. Manche kann ich weniger leiden. Mit manchen teile ich auf Reisen das Zimmer, weil wir uns gut verstehen. Manche würde ich gerne näher kennenlernen, doch meistens kommt es nicht dazu, oder es kommt nicht viel dabei heraus. Wir Spitzenathleten reisen zwar durch die Welt, manchmal fliege ich so kurz hintereinander, daß ich die Wochentage durcheinanderbekomme und heute nicht mehr weiß, ob ich gestern hier oder dort gewesen bin, unser wirklicher Lebenskreis aber ist eng: der Ort, in dem unser Klub ist, unser Trainer, unser Studien- oder Arbeitsplatz. Davon sind wir mindestens genauso abhängig wie jeder normale Arbeitnehmer. Für mich heißt das: Leverkusen, Köln, Wesseling. Auch wenn ich mal innerhalb einer Woche in Nizza, Stockholm und Tokio starte.

Immer habe ich versucht, möglichst viele Freunde außerhalb dieser Sportwelt kennenzulernen. Aber es fiel mir schwer. Und wenn es gelang, so lösten sich diese Bekanntschaften nicht selten bald wieder auf. Ich habe eben auch zuwenig Zeit für meine Freunde. Meine Freunde müssen mit mir viel Geduld haben. Manchmal melde ich mich wochenlang nicht, weil ich auf Wettkampfreisen bin oder weil die Trainingsanforderungen so hoch sind, daß ich einfach keine Kraft für andere Menschen habe, so lieb sie mir sind. Ich bin froh, daß die meisten, die mich näher kennen, das akzeptieren und es mir nicht schwermachen. Doch warum tolerieren sie mich? Weil sie den Leistungssport kennen und weil sie die Zwänge begreifen, unter denen ich stehe. Es scheint, als könne ich, solange ich mitten im Leistungssport stehe, ihm nicht entfliehen, auch nicht in meinem engsten persönlichen Bereich, dem meiner Freundschaften. Der Sport holt mich immer wieder ein.

Manchmal besuche ich Freundinnen von früher. Die meisten sind inzwischen verheiratet, und ich spiele mit ihren Kindern und denke daran, daß ich auch einmal eine Familie und Kinder haben möchte, so eine Art Leben haben möchte wie sie. Dann tröste ich mich damit, daß mein Leben noch offen ist, daß ich niemandem verantwortlich bin. Meine Wohnung in Leverkusen, die meistens leer ist, wenn ich nach Hause komme, bekommt dann wieder ihren Reiz. Wenn die Olympischen Spiele in Los Angeles vorbei sind, werde ich achtundzwanzig Jahre alt sein. Ich glaube nicht, daß das zu spät ist, sein Leben zu ändern. Und ändern wird es sich dann bestimmt.

Ich werde mich wohl ein bißchen mitändern müssen. Dieses freie Leben, in dem ich ausschließlich mir selbst gegenüber verantwortlich bin, wird mir das Familienleben manches Mal schwermachen. Vielleicht wird es mir dann fehlen, daß ich eingeladen werde und man mir die Flugtickets bezahlt, daß ich überall Anerkennung erfahre und Zuwendung bekomme von den Menschen. Dann werde ich nicht mehr Ulrike Meyfarth sein, die Europameisterin oder die Weltrekordlerin, sondern Frau Sowieso, die früher mal eine bekannte Hochspringerin gewesen ist. Eigentlich wünsche ich mir das ja, dieses sogenannte »normale Leben«. Aber wenn ich es dann wirklich lebe, wird es den Reiz, den es jetzt für mich hat, natürlich verlieren, und ich werde lernen müssen, mich unterzuordnen.

Und der Mann, mit dem ich dann leben werde? Die meisten Freunde, die ich hatte, sahen die Rolle der Frau ziemlich traditionell. Soviel sehe ich ein, daß die Arbeitsteilung in einer Familie ihre Zwänge hervorbringt, aber ausschließlich für Kinder und Küche zu leben, das kann ich mir jetzt noch nicht vorstellen; und ich möchte das auch nicht. Vermutlich bin ich durch meine Sportkarriere dafür auch »verdorben« worden. Den Egoismus, den ich als Leistungssportlerin einfach haben muß, um meine Ziele zu verwirklichen, den werde ich wohl aufgeben können, aber wahrscheinlich werde ich immer einen bestimmten Anteil meines Lebens ganz für mich haben wollen.

Aber einen Mann, der bloß »Herr Meyfarth« ist und der meine Rolle als Olympiasiegerin in der Familie in alle Ewigkeit fortschreibt, will ich auch nicht. Wahrscheinlich habe ich schon damals, als ich Olympiasiegerin geworden war und meine Karriere begonnen hatte, geahnt, wie schwer Leistungssport und menschliche Bindungen zu vereinbaren sind, denn das hatte ich mir damals schon vorgenommen: Solange ich hochspringe, heirate ich nicht; auf keinen Fall!

Leistungssportler sucht Leistungssportlerin, müßte ich das Kapitel von den Beziehungen überschreiben. Es bleibt ihm nämlich fast gar nichts anderes übrig, und darum schriebe ich besser: Leistungssportler findet Leistungssportlerin. Jemand anderen zu finden, ist eben sehr schwierig. Die Beziehungen zwischen Leistungssportlern sind allerdings auch ziemlich schwierig. Er trainiert, sie trainiert. Er hat seine Wettkampfziele und Wehwehchen, die natürlich die wichtigsten von der Welt sind, weil schließlich die Karriere auf dem Spiel steht.

Und bei ihr steht die Karriere genauso auf dem Spiel, und seine Wehwehchen und Wettkämpfe sind natürlich die wichtigsten auf der Welt; nach ihren eigenen. Ich sagte schon, der Egoismus. Dieser Egoismus kommt aus der Konsequenz, mit der wir trainieren müssen, wenn wir in der Weltspitze vorne sein wollen. Ohne ihn wäre ich niemals Europameisterin geworden und würde vielleicht überhaupt nicht mehr springen. Was bei diesem Egoismus sehr leicht herauskommt, kann sich jeder vorstellen: Trennungen.

Bei einem angelsächsischen Dichter habe ich einmal einen Satz gelesen, der sehr viel mit dem Leistungssportler und seinem Verhältnis zu seinem Körper zu tun hat: »Ich aber liebte den Narziß, wenn er an meinem Ufer lag und auf mich niederschaute, denn in dem Spiegel seiner Augen sah ich immer meine eigene Schönheit.« Erotik und Narzißmus spielen im Leistungssport eine große Rolle. Weil wir lernen müssen, unseren Körper bis in die feinsten Bewegungsabläufe zu kontrollieren, horchen wir ständig in ihn hinein. Ist er gesund? Wie reagiert er auf Belastungen und Bewegungen? Jeder Mensch bemerkt, wie abhängig er von seinem Körper ist, wenn er krank ist. Uns Leistungssportlern ist diese Abhängigkeit ständig bewußt, wir können unseren Körper nicht vergessen oder eine Zeitlang außer acht lassen, und so entwickelt sich auch ein besonderes Gefühl zum Körper. Ich stehe vor dem Spiegel und schaue mich an, meine Proportionen, meine Muskulatur. Ob das nun objektiv gut oder schlecht aussieht, falls es hier überhaupt Objektivität gibt, sei dahingestellt, aber ein Sportler muß mit seinem Körper auch hinsichtlich der Ästhetik einverstanden sein. Wie zum Beispiel könnte sonst irgend jemand auf der Welt Kugelstoßer sein oder Gewichtheber?

Natürlich achte ich darauf, was ich im Wettkampf anhabe und wie es sitzt, das Hemdchen und das Höschen. Da steht man im Stadion, und Tausende starren einen an, und die Fernsehkameras liefern mitunter Bilder, die eigentlich schon indiskret sind; normalerweise läßt man fremde Menschen nicht so nahe an sich herankommen, wie es die Fernsehkameras mit ihrer Teletechnik einfach tun. Ich muß mich dann körperlich sicher fühlen, und das kann ich nur, wenn ich mir vorher vor dem Spiegel gefalle. Neuerdings gibt es für Frauen, in erster Linie für Sprinterinnen, einteilige Wettkampfanzüge, unter denen der Körper aussieht wie in farbiges Metall gegossen. Die Hersteller und die Trägerinnen solcher Anzüge behaupten, die seien windschlüpfiger, aber ich glaube, daß das eine Ausrede oder doch nur die halbe Erklärung ist: Irgendwie stellt man als Spitzensportler neben seiner Leistung auch seinen Körper aus.

Dieses übertriebene Körperbewußtsein wirkt sich auf die zwischenmenschlichen Beziehungen aus. Athleten schauen sich die Körper anderer Athleten an und vergleichen und versuchen auf andere zu wirken. Man braucht sich bloß anzuschauen, wie sie sich bewegen. Carl Lewis zum Beispiel, der amerikanische Sprint-Weltmeister, oder auch so ein Schwergewicht wie Udo Beyer, der Kugelstoßer aus Potsdam. Wenn man sieht, wie sie sich bewegen, erfährt man schon eine Menge über ihre Persönlichkeit. Bei mir ist das wahrscheinlich nicht anders.

Doch meine Mitmenschen, das sind ja nicht allein die Sportler, meine Familie, meine Freunde. Es sind auch die Millionen, die mich kennen. Jetzt, da ich es gerade hinschreibe, erschreckt es mich: Millionen. Ganz schwindlig kann einem davon werden, und man könnte sich für wer weiß was halten. Ich bekomme soviel Briefe und Telefonanrufe und gebe soviel Autogramme, und es gibt soviel Menschen, die an meinen Erfolgen und Mißerfolgen Anteil nehmen. Ich bin sicher, die meisten wären sehr enttäuscht, wenn sie mich wirklich kennenlernten. Manchmal, auf irgendwelchen Bällen oder Empfängen, treffe ich Menschen, die mich nur vom Fernsehen oder aus den Zeitungen kennen. Mitunter sagen sie dann zu mir: »Aber Sie reden ja ganz normal und benehmen sich auch ganz normal.« Ich bin dann immer vollkommen erstaunt und weiß nicht, was ich darauf sagen soll, und bin auch ein kleines bißchen erschrocken. Vielleicht ist es auch der Grund, ein wenig betrübt zu sein: Ich bin doch kein Unmensch, der über zwei Meter springt. Ich bin normal. Und ich möchte wie ein normaler Mensch behandelt werden und wie ein normaler Mensch in Ruhe gelassen werden. Und Fehler machen dürfen und auch mal was Dummes sagen dürfen und auch mal nicht nett sein müssen!

Manchmal habe ich richtig Lust, in aller Öffentlichkeit etwas Ungezogenes zu tun. Nur um denen, die sich dann über mich ärgern, sagen zu können, was erwartet ihr von mir, ich bin auch nur ein Mensch. Einmal saß ich mit einer Freundin und zwei Freunden in einer Kneipe. Meine Freundin paffte eine Zigarette, und ich ließ mir auch eine anstecken, obwohl ich sonst nicht rauche. Prompt wandte sich jemand vom Nebentisch uns zu und fragte: »Sagen Sie mal, sind Sie nicht die Meyfarth?« Da habe ich nur lässig die Zigarette geschwenkt und gesagt, die Meyfarth raucht doch nicht.

Weil ich eine bekannte Sportlerin bin, werde ich zu allerlei Fernseh-Shows oder Bällen eingeladen. Da treffe ich Menschen, die für mich sonst gar nicht wirklich sind, sondern bloß Bilder aus dem Fernsehen oder aus Zeitungen oder Filmen. Mitunter kam es mir so vor, als würden manche, wenn sie nach der Show unter sich waren, ihre Rollen immer noch weiterspielen. Dieses Repertoire der Sprüche, die immer auf Beifall und auf Interesse aus sind. Manchmal denke ich, es wäre ganz gut, wenn man für jede Situation den passenden Witz oder einen treffenden Spruch parat hätte; man käme dann nie in Verlegenheit. Ich kann das einfach nicht, auf Kommando fröhlich sein und nett. Zum Glück habe ich ein anderes Leben als solche Menschen, die ständig in der Öffentlichkeit stehen, Schauspieler zum Beispiel. Wenn meine Sportkarriere zu Ende ist, verschwinde ich in der Versenkung des Alltags. Aber der Unterhaltungsstar bleibt zeit seines Lebens sein eigener Schauspieler. Er spielt den Menschen, den sein Publikum in ihm sehen will, ich will das nicht lernen. Mein Bruder Wolf-Dieter sagt, wenn er mich im Fernsehen auftreten sieht und mein Gesicht erkennt, dann wisse er immer schon Bescheid. Er findet, ich würde mich schlecht verkaufen und könnte ruhig etwas netter wirken. Ich will ja auch nett sein.

Bei Frank Elstners Sendung »Wetten, daß...?« habe ich Nastassja Kinski kennengelernt. Nach der Sendung stand in der »Bild-Zeitung«, es hätte eine riesige Liebesaffäre mit Reinhold Messner gegeben, der auch bei dieser Sendung mitgemacht hatte. So ein Blödsinn. Der Messner hatte sich nach der Sendung überhaupt nicht um sie gekümmert, und Nastassja und ich hatten zusammengesessen, weil wir beide einfach fremd in dieser Gesellschaft waren. Und ich möchte wetten, wenn sie bei der Sendung immerzu mit ihren Händen durch ihre Haare fuhr oder mit dem Reinhold Messner flirtete, so tat sie das, weil das halt zu der Rolle gehört, die sie als Nastassja Kinski zu spielen hat.

Wenn eine solche Sendung vorüber ist oder wenn ich im Sport einige Tage in der Öffentlichkeit gestanden habe, bin ich unheimlich froh, wieder allein in meiner Wohnung sein zu können. »Zu sich selbst finden« ist ein so modernes Wort geworden, daß man sich scheut, es zu benutzen, wenn es einem ernst damit ist. Aber wenn man nicht hin und wieder davonläuft vor dieser Welt, die sich Publicity nennt, und sich ihr verschließt, dann vergißt man leicht, wer man ist und was man eigentlich gewollt hat; ich jedenfalls.

Eines will ich gerne zugeben: Es ist auch angenehm, bekannt zu sein. Es ist ein schönes Gefühl, vielleicht kann ich sogar sagen, es ist manchmal so eine Art Glück, wenn so viele Menschen Anteil nehmen an meinen Erfolgen – oder auch Mißerfolgen. Aber vor allem möchte ich doch gerne das bleiben, was die anderen für mich auch sind: ein Mitmensch.

IX. Kapitel
Tiefpunkt

»Bei mir fiel das Tief mal wieder auf, weil ich die Meyfarth bin.«

Montreal liegt weit zurück. Wenn Ulrike jetzt aus ihrem Fenster schaut, blickt sie auf den Kölner Stadtwald. An der Sporthochschule hat das Wintersemester begonnen, Ulrikes zweites Semester. Sie hat jetzt eine eigene Wohnung im Studentenhochhaus am Wiener Weg. Wer an der Sporthochschule allein ist, soll die Schuld bei sich selber suchen, schreibt sie ein Jahr später von hier. In diesem Herbst 1976 hätte sie nicht gedacht, einen solchen Satz jemals schreiben zu müssen.
Am Alleinsein kann es unmöglich gelegen haben.
Im Dezember nach Montreal schreibt Ulrike einen anderen Brief: »Ich hoffe doch sehr, daß sich die Natur bei mir wieder normalisiert und die verrückte Raupe sich entschließt, wieder ein Schmetterling zu werden. Jedenfalls glaube ich, daß sie eifrig dabei ist, sich zu verpuppen.«
Es gefällt ihr ja, dieses neue Leben auf eigenen Füßen. Das fetthaltige Essen in der Mensa kann ich durch meine eigenen Kochkünste umgehen, schreibt sie. Freunde rühmen ihre olympiareifen Salate. Es kann ausgeschlossen werden, daß Ulrike sich einsam gefühlt hat.
Etwas vergessen wollen, das ist etwas ganz anderes. Solange man etwas will, kann man nicht aufhören, daran zu denken. Ulrike sagt, ich muß Montreal vergessen. Manchmal sagt sie in diesem Winter auch, ich habe Montreal schon vergessen.
Montreal ist so wenig vergessen, wie München vergessen ist. Und obwohl vier Jahre dazwischen liegen, erscheint beides wie ein zusammengehöriges Ereignis. Es ist das eine nicht vom anderen zu trennen und soll doch nicht zusammengehören. Dann kommen der Frühling und der Sommer, und was in Ulri-

kes Sportkarriere voneinander getrennt werden muß und was zusammengehört und wie überhaupt der Hochsprung und der Olympiasieg von ihrem Leben zu trennen sind und wie die nun zwanzigjährige Ulrike Meyfarth von der sechzehnjährigen Olympiasiegerin, das ist überhaupt nicht mehr auszumachen. Bei den Deutschen Meisterschaften im Juli in Hamburg springt sie nur noch einsfünfundsiebzig hoch und wird Siebte. Der Deutsche Leichtathletik-Verband streicht sie aus der Nationalmannschaft. Sie bekommt keine Unterstützung mehr von der Stiftung Deutsche Sporthilfe. Wenn sie ein Paar neue Sprungschuhe braucht, weil die alten verschlissen sind, läßt sich ihre Sportartikelfirma viel mehr Zeit als früher. In den Zeitungen erscheinen nach der Meisterschaft nicht einmal mehr Abschiedsartikel. Die waren schon vor einem Jahr nach der Olympiade in Montreal geschrieben worden.

Eigentlich ist sie ganz froh, in Ruhe gelassen zu werden. Sie will nach Korsika und Tennis spielen und Wasserski laufen und an etwas anderes denken.

Abstand haben, darüberstehen über der eigenen Geschichte. Dieser lange Weg zu sich selbst.

Ulrike erzählt: Wie oft habe ich mir im Wettkampf gesagt, es ist ganz egal, wie hoch du jetzt springst und wievielte du hier wirst. Aber man hat da doch zwei Ichs. Einerseits sagt man sich, nun mach mal langsam, und andererseits hofft man, vielleicht klappt es doch.

Hinterher läßt sich das immer leicht sagen: Der Tiefpunkt war der Wendepunkt. Man weiß dann ja, wie es weitergegangen ist. In Wirklichkeit ist ein Tiefpunkt aber nichts als ein Tiefpunkt. Wenn man anfängt, ihn als Wendepunkt anzusehen, ist er schon vorbei.

Ich habe gelernt, wieder andere Sachen wichtig zu nehmen, sagt sie. Das war im Herbst, und der Tiefpunkt war vorbei. Ulrike hat sich von ihrem alten Trainer getrennt, dem Rektor Günter Janietz, von dem sie entdeckt worden war, und sie ist vom ASV Köln zum TuS 04 Leverkusen gewechselt. Dort trifft sie einen der bisher wichtigsten Menschen in ihrem Leben: den Trainer und Pädagogen Gerd Osenberg.

Das Sommersemester '77 ist hart gewesen. Ulrike mußte turnen und schwimmen, Basketball spielen, Klausuren in Physiologie schreiben oder über Methodik und Taktik beim Volleyball. Sie sagt: Jeder Leistungssportler, der sein Sportlehrerdiplom machen will, geht in den ersten Semestern mit seiner Leistung runter. Das ist ganz normal. Bei mir fiel das bloß mal wieder auf, weil ich eben die Meyfarth bin.

Vor den Sommerferien ist sie allergisch geworden gegen Trainingsanzüge. Sporthallen, Hörsäle, Trainingsanzüge, von morgens bis abends. Früher war die Schule wenigstens noch ein ganz guter Ausgleich zum Sport gewesen.

Lernen, wieder andere Sachen wichtig zu nehmen.

Jetzt habe ich bald drei Semester hinter mir, sagt Ulrike. Schnee drückt die Astenden der Fichten im Stadtwald herunter. Weihnachten steht vor der Tür. Ich glaube, ich habe keine Lust, mich ein Leben lang mit Leistungssport abzugeben, sagt Ulrike.

Sie will ein Sonderfach belegen: Rehabilitation, Sport für Herz- und Kreislaufkranke, Gelähmte, Hirngeschädigte. Denen sie das erzählt, die freuen sich darüber. Sie spricht nicht viel davon.

Viele reden dafür über die Gründe ihres Leistungsrückgangs: Also erst mal dieser Wechsel von zu Hause in die eigene Wohnung. – Immer behütet und bekocht und dann Wunderkind und auf einmal allein. – Überhaupt allein. Hat die eigentlich einen Freund? – Die hat Kummerspeck. Jedenfalls ist sie zu fett.

Ulrike hört das, manchmal liest sie es auch in der Zeitung. Wenn sie sich schriftlich dazu äußert, meint sie, sie möchte diese Probleme weniger überspitzt dargestellt wissen. Wenn sie darüber redet, sagt sie: So ein Quatsch!

Verletzt hat es sie aber doch. Nur, daß sie nicht laut protestiert. Sie wird stiller, spröder, unzugänglicher. Wenn man sie jetzt auf den Sportplätzen sieht, wirkt Ulrike größer als früher. Ihre Größe ist wieder zum Sonderfall geworden.

Es ist schon November. Ich weiß nicht, ob ich noch an eine sportliche Zukunft für Ulrike glaube. Unter Freunden ist die

Hoffnung mitunter bloß noch eine Angewohnheit. Es ist unangenehm, sich von ihr zu trennen, und so läßt man es eben sein und hofft für den anderen weiter. Die Hoffnung belastet dann nicht mehr. Bei Ulrike scheint es zu diesem Zeitpunkt am besten, die Hoffnung in der Schwebe zu lassen.
 Stell dir vor, ich hab' wieder Lust am Hochsprung, sagt Ulrike.
 Schön.
 Wirklich. Nach dem Sommersemester hatte es schon wieder angefangen, und jetzt habe ich richtig Lust.
 Das ist wirklich schön. Du brauchst ja vorläufig auch noch gar kein Ziel.
 Ich möchte gerne weitermachen. Vielleicht ein, zwei Jahre noch.
 Ja.
 Ich möchte einfach mal drüberstehen. So richtig drüberstehen über dieser ganzen Geschichte.
 Ich schweige und denke, daß sie das schon oft versucht hat. Es ist auch schwer, etwas dazu zu sagen. Es gibt so viel, was man dazu sagen kann. Aber wenn das helfen soll, dann kann sie ebensogut ein paar psychologische Bücher lesen.
 Wenn es dann darauf ankommt, kriegt man es nicht fertig, sagt Ulrike.
 Wie willst du denn da drüberstehen? Ich meine, glaubst du, daß du dazu erst wieder ganz nach oben kommen mußt?
 Es macht mir eben Spaß, wieder hochzuspringen. Ich genieße sogar diese Situation, nämlich daß keiner mehr etwas von mir erwartet. Obwohl es andererseits auch immer schön war, im Mittelpunkt zu stehen.
 Weißt du was?
 Nee.
 Also, ich glaube, ob das wirklich stimmt, weiß ich auch nicht, aber ich glaube, wenn du das schaffst, also daß du darüberstehst, dann wirst du bald auch wieder im Mittelpunkt stehen.
 Es ist eines dieser Gespräche, in denen man sehr oft in anderen Worten dasselbe sagt. Als würde das Gesagte dadurch, daß

man es in immer neuen Sätzen wiederholt, mehr Wirklichkeit gewinnen.

Als wir alles genug wiederholt haben, sind wir ganz müde geworden vor lauter Zuversicht.

Irgendwie ist es ein tolles Gefühl, da durchgegangen zu sein, sagt Ulrike. Aber das wichtigste ist doch, wenn du merkst, daß du auch ohne Sport leben kannst.

*

Zum Jahreswechsel 1976/77 erhielt ich einen Brief. ». . . und wir wünschen Ihnen, daß Sie den Sport noch einmal glücklich in Ihren Lebensrahmen einpassen können.« Das war ein guter Neujahrswunsch, doch wie konnte ich den verwirklichen? Sollte ich einfach darauf verzichten, die alte Höhe wieder zu erreichen? Den Sport glücklich in meinen Lebensrahmen einpassen, das klang gut, aber ich war erst zwanzig und wollte noch nicht aufhören. Ich war schließlich immer noch eine junge Athletin und stand am Anfang meiner Karriere. Der Olympiasieg hatte nur alles durcheinandergebracht. Es gab für mich nur einen Weg, und der führte über die Hochsprunglatte.

Das Olympiajahr 1976 hatte ich beim internationalen Sportfest von Nizza mit einssiebzig abgeschlossen. Tiefer geht es nun wirklich nicht mehr, dachte ich. Einssiebzig war ich schon gesprungen, als ich gerade fünfzehn war. In jedem Wintertraining fängt die Hoffnung wieder von vorne an. Es gab keinen konkreten Hinweis, daß ich zu meiner alten Leistungsstärke zurückfinden würde, doch nach dem Endpunkt von Nizza konnte dieser Winter nur ein neuer Anfang sein. Also neue Hoffnung.

Der April kam, die ersten Wettkämpfe, meine Leistungssteigerung blieb aus. Der April des Jahres 1977 führte mich sportlich gesehen übergangslos in den November. In diesem Jahr gab es für mich keinen Sommer. Im Juni wurde ich vom Deutschen Leichtathletik-Verband noch einmal für den Länderkampf gegen die Sowjetunion in Sotschi am Schwarzen Meer nominiert. Es war mein letzter Länderkampf für längere Zeit.

Brigitte Holzapfel gewann mit einssechsundachtzig, ich krebste irgendwo in den Siebzigern herum. Die Frauenmannschaft des DLV schien in diesem Europapokalsommer nur noch aus drei Athletinnen zu bestehen: aus Annegret Richter, die in Montreal Olympiasiegerin über 100 Meter geworden war, aus Eva Wilms, die gerade neue Weltrekorde im Fünfkampf aufgestellt hatte, und aus Brigitte Holzapfel. Fast alle anderen und natürlich auch ich fielen im internationalen Vergleich nur als Minuspunkte ins Gewicht.

In diesem Sommer flog ich aus dem Nationalmannschaftskader, die Sporthilfe wurde mir gestrichen, ich war gerade einundzwanzig und schon eine abgeschriebene Athletin. Keine Leistungsperspektive mehr, heißt das im Jargon der Sportverwaltung. Mein Trainer Günter Janietz und ich entfernten uns innerlich immer mehr voneinander. Ständig hatte ich das Gefühl, daß er mir meine sportlichen Mißerfolge persönlich vorwarf. Im Training mußte ich laufen und laufen und laufen. An sich laufe ich ganz gerne, einfach weil mir die Bewegung Spaß macht, aber ich bin nun einmal nicht mit hoher Schnellkraft gesegnet und werde nie so schnell sein wie andere Spitzenathletinnen. Ich lief und kam nicht von der Stelle und mußte immer weiter laufen, es half nichts. Entweder lief die Mauer, gegen die ich anrannte, immer mit, oder es gab überhaupt nur Mauern vor mir, und ich würde niemals wieder frei werden. Im Training bekam ich immer häufiger Heulanfälle oder Weinkrämpfe, ich glaubte an nichts mehr, was mein Trainer sagte, fühlte mich behandelt wie eine Zwölfjährige und traute mich trotzdem nicht, mich aufzulehnen. Ich brachte ja nichts mehr im Sport.

Im August waren in Hamburg Deutsche Meisterschaften. Mit einsdreiundsiebzig oder einssechsundsiebzig landete ich irgendwo auf dem sechsten oder siebten Platz. Ein chaotischer Wettkampf nach dem anderen. Sobald die Latte auf einsdreiundachtzig lag, fühlte ich, wie sich etwas in mir verkrampfte. Ich hatte von dem bösen Wort gehört, »die Meyfarth braucht keinen Trainer, die braucht einen Psychologen«, aber wenn ich die Enttäuschung und Bitterkeit abzog, mit der dieser Satz gesagt worden war, so blieb mir doch die Erkenntnis, daß ein Psychologe vielleicht gar nicht schlecht für mich wäre. Man kann ohne psychologische Hilfestellung sehr leicht nach oben kommen, aber oben bleiben, das ist viel schwieriger, und ich hätte jemanden gebraucht, an den ich mich hätte anlehnen und dem ich hätte glauben können. Mit einem Orthopäden, der einem die Sprungschuhe richtig präpariert, ist das nicht getan.

Anlehnen konnte ich mich natürlich bei meinen Eltern, aber helfen konnten sie mir nicht auf meinem Weg über die Hochsprunglatte. Sie wußten auch nicht, ob sie noch an meine Zukunft im Leistungssport glauben sollten, gewünscht hatten sie's. Aber wünschen hilft im Sport nicht viel, wenn die Bewegungsabläufe durcheinandergeraten, wenn das Selbstvertrauen fehlt – und man braucht eine Menge Selbstvertrauen, wenn man vor einer Latte steht, die fast über dem eigenen Kopf liegt. Ich versuchte, in den Wettkämpfen ganz locker und unbeschwert zu sein, doch mit diesem bewußten Versuch fing die Verkrampfung immer gleich wieder an. Meine Mutter half mir, indem sie Briefe für mich erledigte, zum Beispiel, wenn ich neue Sprungschuhe brauchte. In den Jahren zuvor kamen regelmäßig die Paketsendungen von meinem Sportausrüster: Sprungschuhe für den Wettkampf, für das Training, Laufschuhe, Trainingsanzüge – oft genug mehr, als ich eigentlich brauchte. Jetzt blieb das langsam aus.». . . und dürfen wir Sie bitte noch einmal an die versprochenen Sprungschuhe für Ulrike erinnern. Ihre alten fallen ihr langsam von den Füßen, und manchmal fragen wir uns, ob Ulrike eigentlich noch zu dem Kreis der von Ihnen betreuten Athleten zählt«, schrieb meine Mutter damals.

Alles wurde weniger für mich, auch wenn ich hier eingestehen muß, daß ich in meiner ganzen Karriere kein einziges Paar Sprungschuhe zu kaufen brauchte. Bei meinem damaligen Klub, dem ASV Köln, wurde meiner Mutter erklärt, meine Unterstützung müsse gekürzt werden. »In Anbetracht dessen, daß wir überall kürzen müssen und weil bei Ulrike keine Leistung mehr kommt, sehen wir uns zu diesem Schritt gezwungen, denn der Klub hat so viele Verpflichtungen.« Einladungen zu Festen oder Bällen blieben ebenso aus wie Einladungen zu internationalen Sportfesten. Vom Deutschen Leichtathletik-Verband hörte ich nichts, kein Anruf, wie es mir ginge, wie es weitergehen solle. Es war, als gäbe es mich nicht mehr. Ich erzähle das hier nicht, um anzuklagen. Nach dem reinen Leistungsprinzip war ich als Hochspringerin durchgefallen. Man sagt so leicht, sportlicher Lorbeer verwelkt rasch. Das klingt dann ganz selbstverständlich. Wenn man es selbst erlebt, ist es jedoch überhaupt nicht selbstverständlich.

Ein bißchen tröstete ich mich mit den Erfahrungen, die auch andere Spitzensportler in den ersten Semestern ihres Sportstudiums gemacht hatten. Die vielen praktischen Ausbildungsstunden, wie Basketball, Schwimmen, Turnen, bringen fast jeden Athleten in ein Leistungstief, weil wir alle mehr oder weniger Bewegungsspezialisten sind. Unsere Muskulatur ist an spezifische Abläufe und spezifische Belastungen gewöhnt. Kommen andere Bewegungsmuster hinzu oder müssen gar erst neu erlernt werden, dann funktioniert der alte Bewegungsablauf nicht mehr reibungslos. Das weiß jeder, der mit Leistungssport zu tun hat. Aber weil ich eben die Meyfarth war, hatte ich bitte schön nicht bei einsachtzig herumzukrebsen.

In einer Psychologie-Vorlesung an der Sporthochschule hörte ich damals den Satz, daß man aus jeder überwundenen Krise wieder gestärkt hervorgeht. Daran habe ich mich manches Mal festgehalten. Gegen die Lehren der Psychologie habe ich versucht, dieses chaotische Jahr zu verdrängen und auf bessere Zeiten zu hoffen und an Wechsel zu denken. Ich erinnere mich noch, wie ich beim ersten Weltcup im September in Düsseldorf auf der Tribüne gesessen hatte und zuschaute. Sara Simeoni und Rosemarie Ackermann lieferten sich einen großen Wettkampf. Das riesige Stadion, die Begeisterung, das Staunen, die Wettkämpfe – ich war noch lange nicht bereit, diese Welt des Sports zu verlassen.

# X. Kapitel
Leistungsfabrik

»Mein Trainer weiß fast immer, was ich gerade denke.«

Nachts schwebt mit riesigen Leuchtbuchstaben das Bayer-Kreuz über Leverkusen. Stigma der Stadt, ihr Lebensquell? Leverkusen, die Chemiestadt, Leverkusen, die Sportstadt, Leverkusen, eine Stadt zum Wohnen; auch das. Eine Symbiose. Menschen und Maschinen, Gifte und Gesundheit, Fabriken, Freizeit – und Sport. Die um die Jahrhundertwende vom Werk erbaute Arbeitersiedlung im Norden der Stadt steht heute unter Denkmalschutz. Grüne Kleinstadt-Idylle statt Industrie-Slum.

Das Bayer-Kreuz prangt auch auf den Sporttrikots. Die Tage, in denen das als Stigma angesehen wurde: Werkssportler, Industrie-Amateure, sind lange vorbei. Der Spitzensport lebt längst vom Mäzenatentum. Tausche Trikot und zur Not den Namen gegen Bargeld. Bei Bayer 04 Leverkusen, Modell für den Breiten- und den Spitzensport, hat das ganz anders angefangen.

Am Anfang waren die beiden zur Gemeinde Küppersteg zusammengeschlossenen Dörfer Wiesdorf und Bürrig, sagen wir, fünfzehnhundert Einwohner, irgend- und nirgendwo in der nördlichen Kölner Bucht gelegen, am Rande des Bergischen Landes. 1862 baute Karl Leverkus hier die Ultramarinfabrik Leverkusen auf, und noch ehe Wiesdorf 1921 das Stadtrecht bekam, waren mit Bayer 04 und dem Turn- und Spielverein 04 Leverkusen die beiden ersten deutschen Werkssportvereine gegründet worden.

1904: Das war die Zeit, in der Kaiser Wilhelm II. Deutschlands Zukunft auf dem Wasser sah und kleine Mädchen wie reife Frauen deshalb die blauen Uniformen der Seiner Kaiserlichen Majestät sehr am Herzen liegenden Marine zum neuesten Schrei der Mode machten. In Paris forderten die Bergarbeiter auf ihrem internationalen Kongreß den Acht-Stunden-Tag und einen Mindestlohn, der ihnen das Auskommen sichern sollte. In St. Louis fanden die dritten Olympischen Spiele der Neuzeit statt, allerdings ohne Frauen; die durften erst vierundzwanzig Jahre später in Amsterdam mitmachen. England und Frankreich schlossen die Entente cordiale, nicht zuletzt vor dem Hintergrund eines möglichen Krieges gegen das Deutsche Reich. Die deutsche Arbeiter-Sportbewegung hatte sich nach der im Jahre 1890 vorgenommenen Aufhebung des Sozialistengesetzes (»gegen die gemeingefährlichen Bestrebungen der Sozialdemokratie«) zu einer starken Kraft neben den bürgerlichen Sportvereinen entwickelt. Die Frage: »Was machen Arbeiter und Angestellte des Werks in ihrer Freizeit?« war der erste Gedanke, der zum Sportmodell Bayer führte. Heute heißt das »sozialer Auftrag und kulturelle Herausforderung«.

Die 1930 in Leverkusen umbenannte Stadt hat heute rund 180000 Einwohner. Die Bayer AG stellt mit 40000 Arbeitsplätzen etwa 75 Prozent der Industriebeschäftigten in Leverkusen. Rund 24000 Mitarbeiter sind Mitglieder bei den Werksvereinen, deren Bilanz sich sehen lassen kann: zwischen fünfhundert und sechshundert deutsche Meistertitel, sechzehnmal olympisches Metall, zwei Dutzend Europameisterschaften, die letzte 1982 in Athen durch Ulrike, Dutzende von Rekorden und Medaillen. Eine Leistungsfabrik, die Gifte in den Himmel bläst, um den Menschen Gesundheit zu bringen, und dabei lauter gesunde, vitale junge Menschen mitproduziert?

»Durch unser Engagement für den Sport verkaufen wir keine einzige Aspirin mehr.« Das Wort des Vorstandsvorsitzenden Professor Herbert Grünewald gilt nach wie vor. Ulrike als Werbefigur für ein Bayer-Präparat? Die Werbeabteilung winkt ab. Spitzensportler–Spitzenfußballer–Negativbild, so läuft dort die Assoziationskette.

Unsere Vereine und Athleten bringen Leverkusen zwar den Ruf, Sportstadt zu sein, doch uns bringt das bei den Behörden gar nichts, behauptet man bei Bayer. Als die Tribüne im Bayer-Stadion modernisiert werden mußte, reagierte ein Stadtrat so: »Ich höre nur Bayer, und dann fällt bei mir die Klappe. Strengste Auflagen.« Sport ist hier kein Werbemittel – Sport ist eine soziale Aufgabe. Rund 8,5 Millionen ließ sich das Werk 1982 seinen Sport kosten. Die defizitäre Fußball-Lizenzabteilung zählt nicht mit. Die ist vom Verbund der Werksvereine abgekoppelt. Einmal, um deren Gemeinnützigkeit nicht zu gefährden, zum anderen beruhigt es die Aktionäre, wenn sie nicht für die Fußballer bezahlen müssen. Bei 8,5 Millionen wird bei einer Aktionärsversammlung schon einmal gefragt: Muß das denn sein, soviel Geld für den Sport? Die Zahl läßt sich aber auch anders ausdrücken: Bei einem Jahresumsatz von 13,3 Milliarden sind diese 8,5 Millionen noch nicht einmal 0,07 Prozent. Sie werden geführt unter dem Posten »freiwillige Personalaufwendungen«.

Um das Hochleistungstraining ohne existentielle Risiken durchführen zu können, werden Arbeitsplatzfreistellungen für im Werk beschäftigte Spitzensportler nicht mitgerechnet. Überaus gern sind diese »Sportarbeiter« nicht in jeder Abteilung gesehen. Doch das Management baut auf die »positive Grundeinstellung zur Leistung« ihrer Spitzensportler und glaubt, der heute von ihm unterstützte Athlet werde morgen eine verläßliche, leistungsfähige Arbeitskraft sein; vielleicht mehr.

Franz-Peter Hofmeister, 1978 in Prag Europameister über 400 Meter, erst Sportler und Student, dann Betriebswirt bei Bayer, ist auf dem Wege, Karriere im Konzern zu machen. Anderen, wie dem ehemaligen Sprinter der deutschen Spitzenklasse Karl-Heinz Naujoks, ist das bereits gelungen. Vom Werk geförderte Athleten kehren nach Abschluß ihrer Laufbahn ins Werk zurück, der eine oder andere rückt in der Hierarchie auf oder im Betriebsrat – der Sport jedenfalls hat so bei Bayer immer eine Lobby.

In den fünfziger Jahren begann hier das Engagement für den Spitzensport. Nicht, weil die Sportchronik mit Meistertiteln garniert werden sollte. Der sportliche Konkurrenzdruck, in der Leichtathletik vor allem durch den benachbarten ASV Köln mit Manfred Germar und Martin Lauer, brachte das ganz natürlich mit sich. 1965 kam ein junger Pädagoge, der Mathematik, Physik und Sport studiert hatte und eigentlich in Mainz Lehrer werden wollte, zum TuS 04 Leverkusen: Gerd Osenberg. Für ein damals neunjähriges, schon einssiebzig großes Schulmädchen aus Wesseling sollte er der wichtigste Mann seiner Sportlaufbahn werden.

Als Osenberg seine Arbeit aufnahm, standen ihm pro Jahr 4000 Mark zur Verfügung. Heute sind es rund 300 000. Er sagt, das sei wie in allen anderen Sparten der Werksvereine aus sich selbst heraus gewachsen. Doch Leistungsfabrik sei ein ganz falscher Begriff. Der Konzern habe niemals für sein Engagement Gegenleistungen in Form von Meistertiteln und Rekorden sehen wollen. Im Gegenteil, wir forderten die Bedingungen, um Meistertitel und Medaillen gewinnen zu können. Aus der Breitensport-Abteilung Basketball ist auf diese Weise eine der stärksten deutschen Bundesliga-Mannschaften hervorgegangen; und auch eine der am professionellsten geführten. Die Sportler meldeten ihren Bedarf an, und Günter Kaebe, Leiter der Leichtathletik-Abteilungen in den Werksvereinen, wunderte sich in seinem ersten Bayer-Jahr, wieso kein Mensch groß etwas sagte, wenn der Jahresetat schon im August verbraucht war und Nachträge gestellt werden mußten.

Zwölf Jahre nach Osenberg kam Ulrike. Wenn Osenberg von der Zusammenarbeit mit ihr erzählt, fängt er an derselben Stelle an wie sie: Es war September, und wir saßen draußen beim TuS auf der Terrasse.

Alles, was er bis dahin schon über Ulrike wußte oder wissen konnte oder sich an Wissen über ihr Training, ihre Technik hätte beschaffen können, interessierte ihn nicht. Ihm genügte, was er sah: Da war jemand, der einen neuen Anfang und neues Vertrauen suchte. Ich merkte doch, wieviel Spaß Ulrike noch am Hochsprung hatte und wieviel Energie noch dahinterstand.

Ulrike mußte nicht gleich wieder mindestens einsfundachtzig springen. Das hatte noch Zeit. Wir sind an die Arbeit gegangen, als wäre Ulrike eine ganz neue Athletin, die noch nie Hochsprung gemacht hat. Ihr Vertrauen war ein unheimlicher Ansporn für mich. Schließlich war ich kein Spezialist für Hochspringer. Ich sah nur, daß an Ulrikes Bewegungsablauf vieles falsch war. Doch das waren keine Fehler, die auf ihre Geschicklichkeit oder ihr Bewegungsgefühl zurückzuführen waren. Diese Fehler machte sie, weil sie nicht genug Sprungkraft und überhaupt nicht genug Kraft hatte, auch im Rücken nicht. In der ersten Zeit haben wir vor allem experimentiert, um Wege zu finden, die uns zu den richtigen Bewegungsabläufen führen würden. Ulrike mußte furchtbar viel zuhören und mitdenken. In dieser Zeit habe ich die wesentlichen Punkte des Hochsprungs erlernt. Nach und nach haben wir immer mehr Nebenübungen weggelassen, weil wir auf den Kern der Bewegung gekommen waren.

Ulrike lernte, daß sie nicht ausweichen darf im Training, wenn ihr ein Trainingsmittel besonders schwerfällt, wenn es mal weh tut. Sie arbeitete konsequent und versuchte nicht, sich selbst etwas vorzumachen. Mit übergroßer Sprungkraft wie Heide Rosendahl ist sie nun einmal nicht gesegnet, aber sie ist ungeheuer bewegungsgeschickt, und ich staunte, wie belastbar sie war. Ulrike hatte sich schnell an meinen Trainingsgrundsatz gewöhnt: Das, was man gerne tut, darf man nicht machen. Es bringt nämlich nicht genug. Man muß die Dinge trainieren, die einem schwerfallen. Sobald ich merkte, daß eine Übung ihr im Training Spaß zu machen begann, setzte ich sie wieder ab.

Schon nach dem ersten Wintertraining sprang Ulrike im März 1978 in der Halle wieder über einsneunzig. Osenberg hatte sein erstes Aha-Erlebnis im Wettkampf. Ulrikes Wettkampfleistungen liegen wesentlich höher als ihre Trainingsleistungen. Von nun an, erzählt er, bekam ich das Gefühl dafür, wie groß Ulrikes Trainingsleistungen sein mußten. Wir wußten fortan genauer, wo wir standen.

Hin und wieder besucht Ulrike die Osenbergs in der Leverkusener Nachbargemeinde Opladen. Aber mit meinem persönlichen Kram komme ich ihm nach Möglichkeit nicht, sagt sie, Osi hat genug um die Ohren. Osi ist das äußerste Zugeständnis an Vertraulichkeit in der Anrede. »Herr Osenberg« ist auch viel zu lang, wenn man zum Beispiel gerade eine 150 Kilo schwere Hantel auf den Schultern liegen hat oder mit 180 Puls von der Waldlaufstrecke zurückkommt. Aber im Prinzip bleibt es bei »Herr Osenberg«. Für das Du ist nach der Karriere noch Zeit. Die Anrede spielt keine Rolle. Eine Rolle spielt, daß Osenberg sowieso weiß, wann bei Ulrike etwas nicht in Ordnung ist oder bei der schnellen Weitspringerin Christina Sussiek oder der Hürdenläuferin Edith Oker. Auch der Hochleistungssport, sagt er, muß doch vor allem ein Raum sein, in dem man persönliche Erfahrungen durchlebt. Das ist kein Grundsatz für eine Leistungsfabrik.

*

So kann es nicht weitergehen. Es soll aber weitergehen. Wie soll es bloß weitergehen? Der katastrophale Sommer des Jahres 1977 lag hinter mir. Ich war in die Herbstferien gefahren. Die ungelösten Fragen hatte ich mitgenommen. Wenn ich dort nicht weitermachen konnte, wo ich bisher gewesen war, bei Günter Janietz und beim ASV Köln, so mußte ich weggehen. Aber wohin?

Geh doch mal zu Osenberg. Mein väterlicher Freund, Doktor Assenmacher, riet mir das eines Tages, als ich bei seiner Familie auf Korsika Ferien machte und unter einem anderen Himmel, in einer wärmeren Luft vergessen wollte, was mich bedrückte. Das heißt, vergessen wollte ich es eigentlich nicht, aber ich wollte es hinter mir zurücklassen, um neu anfangen zu können.

Ein neuer Anfang. Dieser Gedanke war so ermutigend, daß aus der Hoffnung sogleich etwas wie Zuversicht und Selbstvertrauen entstand, obwohl die Erfahrungen des zurückliegenden Sommers mir eigentlich jedes Selbstvertrauen genommen haben mußten. Ich dachte bloß, ich kann doch nicht alles verlernt haben, was ich einmal beherrscht habe. Ich will nicht sagen, daß ich unerschütterlich an meine Leistungsfähigkeit glaubte, aber daß diese Leistungsfähigkeit mit den lächerlichen einsdreiundachtzig, mit den Enttäuschungen und Niederlagen der zurückliegenden Saison erschöpft sein sollte, das wollte mir nicht in den Kopf. Es sollte natürlich auch nicht hinein. Ich war mit dem Leistungssport noch nicht fertig, auch wenn es für viele so aussah, auch wenn viele es laut genug behaupteten. Ein neuer Anfang. Aber wo?

Geh doch mal zu Osenberg. Gerd Osenberg vom TuS 04 Leverkusen, wie Bayer 04 Leverkusen von den Bayer-Werken unterstützt, man darf wohl sagen, getragen, war kein Hochsprungspezialist. Aber er war und ist ein Spezialist für komplizierte Athletinnen und für schwierige Fälle. Liesel Westermann, die ehemalige Weltrekordlerin im Diskuswerfen, hatte bei ihm trainiert, Heide Rosendahl ist von ihm von ihrem Tief bei den Olympischen Spielen 1968 in Mexiko vier Jahre später zu den beiden Olympiasiegen und ihrer Silbermedaille von München geführt worden. Allerdings, den Hochsprung hatte Heide trotz Osenberg immer nur mehr schlecht als recht beherrscht.

Zurück in Köln, rief ich erst einmal Rita Wilden an. Auch sie gehörte zu den Osenberg-Schülerinnen und hatte 1972 in München über 400 Meter die Silbermedaille gewonnen. Rita machte mir Mut. Das Training bei Osenberg sei zwar ziemlich hart, aber es sei abwechslungsreich und habe ihr immer Spaß gemacht. Und vor allem, man könne Vertrauen zu ihm haben. Ende September tauchte ich zum erstenmal beim Konkurrenzverein meines bisherigen Klubs ASV Köln auf. Osenberg und ich trafen uns auf der Terrasse vor dem Trainingsplatz und redeten erst einmal. Worüber? Ich weiß es heute nicht mehr. Ich weiß nur, daß ich mich hinterher leichter fühlte. Ich schien ihn gefunden zu haben, meinen neuen Anfang.

Manche in Köln sagten, aha, jetzt geht die abgetakelte Meyfarth nach Leverkusen, um noch einmal abzusahnen. Natürlich stimmt es, daß große Sportvereine ihre Spitzenathleten mitunter »einkaufen«, weil sie sich von ihnen Publizität versprechen, Meistertitel oder eine schlagkräftige Mannschaft für die Deutschen Mannschaftsmeisterschaften, die Bundesliga in der Leichtathletik. Nur war ich 1977 alles andere als ein Spitzenstar, und finanzielle Forderungen konnte ich schon gar nicht stellen. Ich erhielt von den Bayer-Werken ein Stipendium für mein Sportstudium und die Erstattung sämtlicher Auslagen für Trainingsaufwendungen. Damit war ich finanziell von meinen Eltern einigermaßen unabhängig, und ich freute mich, daß ich meinem Vater während des langen Studiums nicht zu sehr auf der Tasche zu liegen brauchte. Schließlich hatte mein zwei Jahre jüngerer Bruder Wolf-Dieter auch gerade Abitur gemacht und wollte studieren.

Das neue Training begann Anfang Oktober, und es war schwer. Osenberg beobachtete nur, wie das aussah, was ich machte, und ich hätte gern in ihn hineingesehen, um zu wissen, was er dachte. Was er mir mitteilte, waren nur die Bewegungsfehler, die er an mir entdeckt hatte. Seine Erwartungen und seine Bedenken behielt er für sich. Dafür bin ich ihm im nachhinein dankbar.

Als ich von der ersten Trainingsstunde in Leverkusen zurück nach Köln fuhr, fühlte ich in mir einen neuen Frühling. Ich sah hinaus, in diesen leuchtenden Oktobertag, die Farben der Bäume unter der Sonne, dieser vom Wind blankgescheuerte Himmel. Ich freute mich auf das lange Wintertraining. Und so gewiß, wie das nächste Frühjahr kommen würde, so gewiß würde ich dann mit meiner Leistung ganz anders dastehen als jetzt.

Als erstes lernte ich bei Osenberg meine Schwachstellen kennen – und gleich danach, daß ich ihnen nicht länger ausweichen durfte. Das nämlich hatte ich unbewußt in der Vergangenheit immer getan. Ich hatte beispielsweise meine Knie möglichst wenig belastet, weil sie so schwach waren. Bei Osenberg mußte ich bedeutend mehr Kniebeugen machen als früher und das Knie auch bei Sprungübungen stärker belasten. Das, was du nicht gerne machst, gerade das mußt du üben, sagte er, sonst kriegst du deine Schwächen niemals weg. Wie in der Medizin: Das Bittere ist oft das Heilsamste. Und dann sollte ich ganz neu laufen lernen: die Füße bei jedem Schritt richtig über die Ferse einsetzen, um eine optimale Kraftübertragung über die Hebel meiner Beine zu erreichen, die Füße über die Ballen abrollen lassen, den Oberkörper ruhig halten, damit der Körperschwerpunkt gleichmäßig von gleichmäßigen Schritten vorangebracht werden konnte, die Haltung der Arme, damit sie den Schwung des Körpers unterstützten und nicht hemmten, den Schultergürtel lockern, damit sich mein Körper nicht verkrampfte. Da denkt man, Laufen sei nichts Besonderes, das könne jeder. Aber was ich da in den ersten Wochen durchmachte, war nichts anderes als eine Laufschule.

Eigentlich war es eine Bewegungsschule, und das Laufen war bloß das Fach, auf dem der Lehrplan aufgebaut war. Osenberg redete sich den Mund fusselig, und mir schwirrte der Kopf. Irgend etwas war an meinem Bewegungsablauf oder an meinen Sprüngen immer falsch, meistens gleich mehreres auf einmal. Mal war es der Arm, der beim Absprung zu tief hing, mal war die Hüfte über der Latte zu wenig gestreckt, dann war die rechte Schulter zu nah an der Latte, dann der linke Fuß beim Absprung zu weit von der Latte entfernt, und hatte ich beim nächstenmal den Absprungpunkt getroffen und auch die Schulter richtig eingesetzt, dann war die Schulter doch wieder zu weit von der Latte entfernt, weil mein Anlauf zu langsam gewesen war – oder sie war zu nahe, wenn ich zu schnell angelaufen war. Mir war, als spränge ich in einem langsam zusammenfallenden Haus von einer Wand zur anderen: Kaum stützte ich die eine Seite, drohten die anderen drei einzustürzen. Und doch war es kein zusammenfallendes Haus; es wurde gerade erst aufgebaut.

Osenberg redete und erklärte, und ich nahm alles so lange in mich auf, bis mein Kopf das Gehörte nicht mehr verarbeiten konnte. Doch nach und nach fand ich mich in dem Irrgarten meiner Bewegungsabläufe immer besser zurecht. Angst, mich darin zu verlaufen, hatte ich niemals gehabt. Die Hoffnung, die ich bei der ersten Begegnung mit Gerd Osenberg gehabt hatte, war im Laufe der ersten Wochen zur Gewißheit geworden: Ich empfand im Training Sicherheit und Vertrauen. Seine ruhige, leise, aber gleichzeitig überzeugte Art, mir meine Fehler zu erklären, gefiel mir. Niemals hatte ich das Gefühl, daß er mir seinen Willen oder seine Vorstellungen aufzwingen wollte, und doch habe ich alles so gemacht, wie er es mir empfahl. Er konnte mir halt alles genau erklären, was sich in meinem Körper abspielte – nicht nur in der Muskulatur, auch in der Biomechanik und der Biochemie. Wenn ich spürte, daß ich beim Training etwas falsch machte, so wußte ich hundertprozentig: Er registrierte meinen Fehler und drückte ihn so aus, daß mein Kopf irgendwann in der Lage sein würde, das Bewegungsgefühl zu kontrollieren. Mit Video-Aufnahmen hätte ich meine Fehler nicht besser erkennen können, denn bei Osenberg mußte ich sie begreifen. Eigentlich hat er mich in der ersten Zeit fortwährend korrigiert. Das hätte mich bestimmt nervös und gereizt gemacht, wenn er mich nicht gleichzeitig gezwungen hätte, alle seine Denkvorgänge nachzuvollziehen. Allerdings muß ich anmerken, daß dies mir sehr selten bewußt wurde. Abgesehen von meinen Bewegungsfehlern, habe ich es ihm wahrscheinlich nicht zu schwer gemacht, denn ich war froh, endlich jemanden gefunden zu haben, dem ich glauben konnte.

Gerd Osenberg war kein Hochsprung-Spezialist, und so befanden wir uns beide gemeinsam auf der Suche, probierten viele Trainingsmethoden aus, experimentierten. Weil er mit mir lernte, lernte ich immer mehr durch ihn. Auf diese Weise haben wir im Sommer des folgenden Jahres Konkurrentinnen und Hochsprung-Experten mit einer neuen Anlauftechnik geschockt. Normalerweise muß man beim Fosbury-Flop in einem Bogen anlaufen, weil so die Anlaufgeschwindigkeit biomechanisch am besten in Höhe zu übertragen ist. Ich lief aber gerade an. Bei meinem geraden Anlauf – mit einem Zwischenhopser à la Meyfarth – sprang ich dann immerhin Anfang Juli wieder einszweiundneunzig und drei Wochen später bei der Deutschen Meisterschaft gemeinsam mit Brigitte Holzapfel Deutschen Rekord, einsfünfundneunzig. Einige Fachleute sagten: Wenn die erst mal wieder richtig über den Bogen anläuft, dann springt sie noch viel höher.

Mein gerader Anlauf war sehr einfach zustande gekommen. Unsere Sporthalle in Leverkusen hat einen Schwingboden. Für das Sprungtraining mußten wir jedesmal erst Kunststoffläufer verlegen, auf denen ich mit meinen Spikes laufen konnte. Es war ziemlich umständlich, diese Läufer so auszulegen, damit sie meinem Anlaufbogen entsprachen. Hinzu kam, daß Gerd Osenberg den hohen Sprungtisch als Trainingsmittel »erfunden« hatte. Dieses Monstrum hatte ich einfach lieber direkt vor mir, damit ich meinen Anlauf besser kontrollieren konnte, und ich scheute mich, in einem Bogen auf diesen klotzigen, mit Matten beladenen Tisch zuzulaufen. Im Jahr darauf haben wir uns jedoch wieder auf einen Bogenanlauf umgestellt. Von der Biomechanik her ist er wirklich viel vorteilhafter. Doch in unserem ersten gemeinsamen Trainingswinter kam es erst einmal darauf an, meine Bewegungskrankheiten zu heilen und irgendwie wieder auf Höhen zu kommen.

Nur in einem Punkt trat ich den Weg zu Gerd Osenberg mit gemischten Gefühlen an: Beim TuS 04 Leverkusen trainierten ausschließlich Athletinnen. Mit Weiberwirtschaft hatte ich in der Schule sechs Jahre lang unliebsame Erfahrungen gemacht, weil unsere Klasse nur aus Mädchen bestand. Zuletzt haben wir uns alle nicht mehr riechen können. Zwar hatte ich nicht die Sorge, die anderen Athletinnen beim TuS würden mir mit Vorbehalten entgegentreten, weil ich ihnen als immer noch in der Öffentlichkeit stehende ehemalige Olympiasiegerin hätte etwas wegnehmen können, aber froh war ich doch, daß Anfang Oktober fast alle anderen noch in den Sommerferien waren. In diesen ersten beiden Wochen fanden Osenberg und ich ausgiebig Zeit, einander kennenzulernen und aufeinander einzugehen.

Ich war es gewohnt, meistens alleine zu trainieren, jetzt aber wurde ich in die Trainingsgruppe integriert. Nichts von Weiberwirtschaft und Eifersüchteleien. Ich wurde freundlich aufgenommen, und dieses neue Gefühl von Trainingskameradschaft tat mir unheimlich gut. Freundschaften können in solchen Trainingsgemeinschaften natürlich schwer entstehen, denn jede von uns hatte so weitgesteckte Ziele, daß sie sich stark auf sich selbst konzentrieren mußte. Aber das gemeinsame Ziel, nämlich zur Spitze zu kommen, ob es nun im Hürdensprint oder im 800-Meter-Lauf oder im Hochsprung war, verband uns auch, und es war schön, am nächsten Tag die anderen wiederzutreffen und mit ihnen weiterzuarbeiten.

Zu arbeiten. Wenn man Deutscher Meister werden oder einen Deutschen Rekord aufstellen will, dann ist der Sport kein Freizeitvergnügen mehr. Ich vergleiche ihn vielmehr mit einer Arbeit, bei der man das Glück hat, für diese Arbeit begabt zu sein und sie deshalb sehr gerne zu machen. Ein Wunschberuf auf Zeit.

An sechs Tagen in der Woche mußte ich die zwanzig Kilometer von Köln nach Leverkusen zu meinem »sportlichen Arbeitsplatz« fahren, häufig zweimal am Tag. Wir Athleten bekamen Sportlerausweise von den Bayer-Werken, die uns den Zutritt in die Werkskantine erlaubten, wo wir gut und preiswert essen konnten. Unser Masseur, Charly Beilfuß, hatte sich ebenfalls in Leverkusen angesiedelt und zog in eine Hausmeisterwohnung der Sportanlage und baute sich dort eine Praxis auf. So verlagerte sich mein Leben mehr und mehr nach Leverkusen, ehe ich vier Jahre später ganz dorthin zog. Erst nach und nach wurde mir die ungeheure, für uns Athleten unüberschaubare Organisation des Sports bei meinem neuen Klub klar. Gewiß, die Menschen, von denen der Sportbetrieb und damit auch die Sicherheit unserer sportlichen Zukunft abhängig war, lernten die meisten von uns nicht kennen, aber trotzdem hatte ich nie das Gefühl, eine »Rekordproduzentin« in einer anonymen Leistungsmaschinerie zu sein. Was für jeden von uns zählt, ist die kleine Trainingsgemeinschaft, in der man miteinander vertraut ist. Eine Art sportliches Zuhause.

XI. Kapitel
Rivalität

»Merkwürdigerweise habe ich mich mit Rosi Ackermann (unten) besser verstanden als mit Brigitte Holzapfel« (oben)

Im Frühsommer 1978 ist es sonnig und warm. Ulrike hat sich wieder die Haare wachsen lassen. Viele sagen in diesem Sommer, die Meyfarth ist aber viel netter geworden. Zu dem Gesicht, das sie in diesen Wochen zeigt, könnte sie die Haare tragen, wie sie wollte, und die Menschen fänden sie netter als im vergangenen Jahr. Wer sie jetzt sieht, fühlt sich wieder an das lachende, große Mädchen erinnert, das vor einer Ewigkeit Olympiasiegerin geworden war. Ulrike macht ihre kölschen Witze und lacht manchmal ganz allein, weil nur sie die Pointe kennt, und wir lachen ein bißchen mit, damit sie mit ihrem Lachen nicht allein ist und weil wir es schön finden, daß Ulrike fröhlich ist. Nach einer Weile lachen wir dann richtig, weil uns auf einmal die in der Trockenheit versteckte Pointe aufgefallen ist. Es ist leicht, Ulrike wieder nett zu finden. Wurde ja auch Zeit, daß die sich wieder einkriegt.

Die Hoffnung hat neu angefangen. Ulrike ist schon im Frühsommer einszweiundneunzig Meter hoch gesprungen, so hoch wie vor sechs Jahren bei ihrem Olympiasieg. Jetzt sagt sie nicht mehr, ich hasse diese Höhe, sie sagt, die einszweiundneunzig hab' ich bald hinter mir, wetten? Seit dem vergangenen Sommer steht der Weltrekord von Rosemarie Ackermann auf genau zwei Meter. Hoffnung, worauf?

Es ist August, und es sind Deutsche Meisterschaften in Köln. Ausgerechnet Köln, das sie doch hinter sich lassen wollte, ein für allemal.

Hast du gehört, bei der Holzapfel haben sie viel mehr geklatscht als bei mir, sagt sie. Der Stadionsprecher hatte dem Publikum die Springerinnen vorgestellt. Brigitte Holzapfel ist der neue Hochsprungstar. Bei der Hallen-Europameisterschaft 1977 in San Sebastian war sie Zweite hinter der Italienerin Sara Simeoni geworden, und viele sagten, Olympiasiegerin wird die vielleicht nicht, aber besser als die Meyfarth ist die heute schon. Brigitte Holzapfel ist ein spindeldürres Mädchen mit einem blonden Lockenkopf. Wenn man mit ihr spricht, scheint sie immer gleich lachen zu müssen. Sie hat inzwischen Ulrikes Deutschen Rekord um einen Zentimeter verbessert, aber sie sagt, den Fünfkampf hätte sie am liebsten, und Hochsprung mache sie eigentlich nur nebenbei. Es ist ihr anzusehen, daß es ihr Spaß macht, nicht so berühmt, aber besser zu sein als Ulrike. Wenn sie erzählt, sie sei wohl immer noch die Nummer Zwei im Hochsprung, dann macht es ihr am meisten Spaß.

Die Trainer von Ulrike und von Brigitte Holzapfel mögen sich wohl nicht besonders. Die beiden Mädchen sagen, daß der Sportplatz keine Zeit lasse für Freundschaften.

Du brauchst dich doch nicht über die Holzapfel zu ärgern, sage ich. Die kann doch nichts dafür.

Mach' ich ja gar nicht. Ich ärgere mich auch überhaupt nicht, aber du kannst mal sehen, wie das geht.

Wenn Brigitte Holzapfel springt, sieht Ulrike so gelassen zu, als gehe sie das überhaupt nichts an. Als der Wettkampf zu Ende ist, sind beide mit einsfünfundneunzig Deutschen Rekord gesprungen. Danach umarmen sie sich, und es ist ein sehr schönes Bild. Ulrike ist aber nicht Meisterin, weil sie einen Fehlversuch mehr gehabt hat.

Immer dieser Schmus, sagt Ulrike, jetzt geht das wieder los wie damals.

Sei froh, daß es die Holzapfel gibt.

Ich bin auch froh. Ich habe jetzt Abstand zu den alten Geschichten, und Hochsprung macht wieder Spaß, und ich freue mich unheimlich über den Rekord, auch wenn ich nicht Meisterin geworden bin und ihn mit Brigitte teilen muß.

Es ist Ulrikes erster großer Erfolg seit ihrem Olympiasieg. Ich überlege, ob sie so auch reden würde, wenn sie nicht Rekord gesprungen wäre. Es ist nicht leicht, sich das vorzustellen, weil sie sich so freut.

Wenn es jetzt noch mal wieder runtergeht, habe ich keine Angst mehr, sagt Ulrike.

Vier Wochen später, bei der Europameisterschaft in Prag, ist es regnerisch und kalt. Bis zur Olympiade in Moskau möchte ich auch gut für zwei Meter sein, hatte Ulrike vor der Abreise gesagt, und dann will ich noch mal Olympia erleben, aber so richtig. Danach kann ich dann in Ruhe aufhören.

Und dann? frage ich. Ulrike würde dann vierundzwanzig sein.

Dann wird schon irgendwas sein.

Der Abend des 31. August ist kalt und naß. An diesem Abend muß Ulrike die Hoffnung aufgeben, jemals wieder die beste Hochspringerin der Welt werden zu können oder ihren Olympiasieg zu wiederholen. In Moskau gut für zwei Meter – bis Moskau sind es noch zwei Jahre hin. An diesem Abend stehen Sara Simeoni und Rosemarie Ackermann nach drei Stunden Wettkampf vor der Weltrekordhöhe von zwei Meter eins. Bei nur zehn Grad über Null und Nieselregen. Sara Simeoni überspringt die Höhe und stellt ihren vier Wochen alten Weltrekord ein. Rosemarie Ackermann ist die erste Hochspringerin in der Welt, die einsneunundneunzig springt und trotzdem besiegt wird. Brigitte Holzapfel stellt den Deutschen Rekord von Köln ein und erhält die Bronzemedaille.

Nach dem Wettbewerb diskutieren Sieger und Besiegte die neuen Möglichkeiten. Sara Simeoni, die schlanke, elegante Italienerin, sagt, nun sei zwei Meter fünf die neue Traumgrenze. Wieso gerade zwei Meter fünf? fragt jemand. Die Simeoni lacht. Irgendwo muß doch mal Schluß sein. Die Ackermann zuckt die Schultern und sagt, zwei Meter fünf oder nicht, man müsse eben wieder ein neues Ziel festsetzen.

Ulrike überspringt einseinundneunzig. An einsdreiundneunzig ist sie dreimal gescheitert. Fünfte ist sie geworden. Die meisten finden, daß das ein gutes Ergebnis für sie ist. Ulrike hingegen weiß nicht so genau, wie sie das finden soll.

Doch, sagt sie, ich freu' mich schon.

Aber?

Was, aber?

Du mußt ja nicht gleich wieder in den Himmel springen. Ein Glück, sagt Ulrike. Das Flutlicht im Stadion ist schon ausgeschaltet. Über dem Strahov steht ein schmaler Mond. Von Glück ist bei Ulrike nicht viel zu sehen.

*

Wenn Brigitte Holzapfel Weitspringerin gewesen wäre, hätten wir uns vielleicht sehr gut verstanden. Sie war aber Hochspringerin. Die erste, bei der ich so etwas wie Konkurrenzneid oder Rivalitätsgefühl verspürte; und zum Glück auch die einzige. Wenn wir uns begegneten, hatte ich ein merkwürdiges Gefühl im Bauch. Es gelang mir nicht, unkompliziert und frei ihr gegenüber zu sein, und ich spürte, daß es ihr ebensowenig gelang. Woran diese Rivalität lag, woher sie kam? Schwer zu sagen. Jedenfalls spürten wir, wenn wir uns nach einem Wettkampf gratulierten, wie bei der Deutschen Meisterschaft 1978 in Köln, als wir beide mit einsfünfundneunzig Deutschen Rekord gesprungen waren und uns vor Freude umarmten, daß wir im Grunde genommen nichts gegeneinander hatten.

Fast fünf Jahre lang gehören wir nun demselben Klub an, der aus dem TuS und aus Bayer entstandenen Leichtathletik-Gemeinschaft Bayer Leverkusen, aber wir haben noch kein einziges Mal zusammen trainiert. Das lag nicht allein daran, daß wir verschiedene Trainer haben. Ich erinnere mich sehr gut an einen Tag, an dem ich bei Harry Renter trainierte, Brigittes damaligem Trainer, bevor sie zum Bundestrainer Dragan Tancic wechselte. Renter wollte mir seine Trainingsmethoden zeigen. Gerd Osenberg stand daneben und sah zu, weil er immer offen für andere Methoden ist, ich aber hatte eine furchtbare Wut im Bauch, weil ich nicht einsehen konnte, weshalb ich bei Renter trainieren sollte.

Es war eine alte Abneigung. Als ich noch bei meinen Eltern in Wesseling wohnte, rief einmal ein Trainerassistent von Harry Renter bei uns zu Hause an und wollte mich unbedingt zum Essen einladen. Ich schlug das ab. Ob das Argwohn vor eventuellem Aushorchen war, ich weiß nicht. Jedenfalls fand ich die Situation unangenehm und ein kleines bißchen lächerlich, zumal ich den Eindruck hatte, daß Harry Renter hinter den Kulissen die Rivalität zwischen Brigitte und mir schürte. Brigitte hatte damit nichts zu tun, aber unbefangen konnte ich trotzdem ihr gegenüber nicht sein.

Zum erstenmal nahm ich bei einem Schülerinnen-Mehrkampf von Brigitte Notiz. Sie war lang und dünn, hatte Sprungkraft und schien sehr bewegungsbegabt zu sein. Die wird mal deine Konkurrentin, dachte ich. Dann ging es mit meiner Leistung nach dem Olympiasieg bergab, und Brigitte wurde immer besser, und als ich 1977 auf dem Tiefpunkt meiner Karriere stand, hatte sie gerade ihren ersten Höhepunkt erreicht: Bei der Hallen-Europameisterschaft in San Sebastian war sie im Februar hinter Sara Simeoni Zweite geworden, und beim ersten Weltcup im September in Düsseldorf war Brigitte als Ersatzspringerin für das Europa-Team nominiert worden. Ich saß auf der Tribüne und hatte ein bißchen Mitleid mit ihr, da sie ja nicht mitspringen konnte, weil Sara Simeoni erste Wahl war. Zugleich aber war ich auch ein wenig froh, daß dadurch der Leistungsunterschied zwischen Brigitte und mir nicht noch deutlicher wurde. Ich wollte dieses Gefühl nicht wahrhaben und wollte es mir nicht gestatten, aber wehren konnte ich mich trotzdem nicht dagegen.

Wir gingen uns aus dem Weg. Unser Verhältnis war festgefahren. Weil wir beide noch ganz nach oben wollten, hatten wir wohl auch gar keine Zeit, darüber nachzudenken, wie wir das eventuell ändern konnten. Beim Endkampf um die Deutsche Mannschaftsmeisterschaft im Jahre 1978 besiegte ich Brigitte zu Saisonbeginn mit einssechsundachtzig. Das war nicht nur ein Sieg, sondern auch so etwas wie die Rückeroberung einer Position, die mir doch so lange gehört hatte. Eine Woche später übersprang ich einsneunzig, aber Brigitte konterte im Mai mit einszweiundneunzig, und ich versuchte, davon nicht geschockt zu sein. Zum erstenmal hatte ich nicht nur gegen mich selbst zu kämpfen, sondern gegen eine Gegnerin um den ersten Platz unter den deutschen Hochspringerinnen.

Bei den Europameisterschaften im September 1978 in Prag

hofften wir beide auf eine Medaille und darauf, unser internes Duell endgültig zu entscheiden. Jede von uns bewohnte ein Einzelzimmer und versuchte, der anderen weiterhin aus dem Weg zu gehen, aber als der Wettkampf lief, war es ganz natürlich, daß wir uns gegenseitig ein wenig halfen. Viel kann man da allerdings ohnehin nicht tun. Einseinundneunzig schaffte ich an diesem Abend, und ich wäre mit meinem fünften Platz wohl ganz glücklich gewesen, aber Brigittes einsfünfundneunzig und die Bronzemedaille, die sie damit hinter Sara Simeoni und Rosemarie Ackermann gewann, führten doch bei mir zu einem kleinen, schmerzhaften Stachel.

Unser Duell wurde durch eine Verletzung endgültig entschieden. Brigitte, die immer sehr viel Verletzungsprobleme mit ihrem Rücken und ihren Füßen hatte, erlitt 1980 einen Riß der Achillessehne. Als sie 1983 gerade wieder dabei war, sich in der Hochsprung-Spitzenklasse zu etablieren, riß die andere Achillessehne. Obwohl ich wußte, was das für sie bedeutete, gelang es mir nicht, jetzt auf sie zuzugehen und sie zu trösten. Das ist dumm, und es ist auch ärgerlich, doch ich war immer noch nicht frei genug ihr gegenüber und fürchtete mich vor Mißverständnissen in der Öffentlichkeit: Jahrelang hatten wir nur das Notwendigste miteinander gesprochen! Wie konnte ich da auf einmal die Mitleidsvolle spielen? – Auch wenn es nicht gespielt gewesen wäre.

An ihrem Beispiel wurde mir klar, wieviel Glück ich in meiner Karriere gehabt habe, denn bis auf geringfügige Verletzungen bin ich in all den Jahren immer gesund gewesen. Im Spitzensport ist das heute nicht mehr selbstverständlich. Ohne dieses Glück aber kann man weder in die Weltklasse kommen noch dort bleiben, denn Brigitte ist bestimmt nicht weniger talentiert für den Hochsprung als ich.

Nach der Weltmeisterschaft in Helsinki im vergangenen Jahr erhielt ich eine Ansichtskarte aus Wien, über die ich gleichermaßen überrascht und erfreut war: »... herzliche Glückwünsche zu Deinen Erfolgen in diesem Jahr. Brigitte«, las ich. Es wäre schön, wenn es uns gelänge, unsere Rivalität nicht durch unser ganzes Leben zu schleppen.

XII. Kapitel
Wettkampf und Psychologie

»Wie die immer rübergrinst, die Bykowa.«

Ulrike springt nicht gut. Der Kampf um die Weltmeisterschaft dauert nun schon über zwei Stunden. Es ist dunkel geworden. Bei einsfünfundneunzig und einssiebenundneunzig hat sie einen Fehlversuch. Einige Sprünge von Ulrike sind auch ganz gut gewesen, aber keiner ist so gut gewesen, wie sie wirklich springen kann. Von der Tribüne sehen die Springerinnen sehr klein aus. Niemand weiß besser als Ulrike selbst, daß ihre Sprünge nicht so gut gewesen sind, wie sie sein sollten. Der Hochsprung-Wettbewerb findet in der Kurve hinter dem Ziel statt. Auf dem Wind vom Hafen schweben Möwen ins Stadion. Jedesmal, wenn eines der Mädchen vor dem Anlauf zu ihrem Sprung steht, wird es in der Kurve still, und danach wird es im ganzen Stadion still. Als die Latte auf einsneunundneunzig liegt, sind nur noch Ulrike und die Russin Tamara Bykowa im Wettbewerb. Alle haben nun das Duell, auf das sie gewartet haben. Nicht nur die 50000 Menschen im Stadion, auch die zu Hause vor den Fernsehgeräten. Den Finnen kann es eigentlich egal sein, wer Weltmeisterin im Hochsprung wird.

Ulrike hat sich einen Platz neben dem weißen Pfosten von einer dieser breiten Hürden ausgesucht, die sie für den 3000-Meter-Hindernislauf brauchen. Ihr dunkler Trainingsanzug schimmert wie Asphalt. Die Möwen sehen sehr groß aus, wenn sie über die Tribünen hinschweben. Das Gras leuchtet wie giftiger Kunststoff unter dem Flutlicht. Fast alle Wettbewerbe sind inzwischen zu Ende, und der Rasen ist groß und leer, obwohl auf der anderen Seite des Stadions die Hammerwerfer ihre fünfzehn Pfund schweren Eisenkugeln an langen, gesteiften Drähten in den dunklen Himmel über der Lichtschüssel des Olympiastadions schleudern und die Kugeln anschließend mit einem dumpfen, platzenden Geräusch einen kleinen, runden Trichter in den Rasen schlagen. Ulrike hockt im Gras. Tamara Bykowa sieht genauso klein aus wie Ulrike. Doch die Russin springt sicher und leicht. Es hat noch nicht ein einziges Mal so ausgesehen, als daß sie ihre Höhe nicht schaffen könnte. Niemand denkt daran, daß Ulrike jetzt schon die Silbermedaille gewonnen hat.

Gleich an ihren ersten Schritten sieht man, ob man bei dem Sprung Angst um sie haben muß oder nicht. Eigentlich sind es noch gar keine Schritte, jedenfalls sind sie nicht auf Raumgewinn aus, nur eine schnelle, fließende Bewegung, wie aus der Hüfte geschüttelt. Ihr Gehirn hat dann das Startsignal gegeben, und die Impulse laufen durch die Nervenbahnen und in die Muskelzellen, immer mehr Impulse und schneller und schneller, bis sie sich zu einem geschlossenen Strom verbinden und Ulrikes Körper ohne den geringsten Widerstand alles das tut, was er in Tausenden von Trainingssprüngen gelernt hat. Bei den kurzen ersten Schritten ertasten ihre Fußsohlen den Belag der Kunststoffbahn, und der Kunststoff wird unter den Sohlen lebendig und gibt den Druck federnd zurück, auch dann noch, wenn die Schritte schon lang geworden sind und voller Kraft. Den Krafteinsatz bemerkt man dann überhaupt nicht mehr.

Ulrike kann bei Tamara Bykowa sehen, was ihr an diesem Abend fehlt. Der Kunststoffteppich wird nicht lebendig unter ihren Schritten. Taub und stumpf verschluckt er die Energie ihrer Schritte und schickt eine winzige Verzögerung durch ihre Bewegungsabläufe; und so fliegt sie über die Latte, ein kleines bißchen steif, wie ein naßgewordener Schmetterling.

Die Kampfrichter messen noch einmal die Höhe nach. Ulrike mußte als erste die einsneunundneunzig versuchen. In der Halle hat sie diese Höhe schon einmal übersprungen. Im März 1981 war das gewesen, und seit jenem Tag gilt sie als die beste Hochspringerin der Welt. Inzwischen steht ihr Weltrekord bei zwei Metern zwei.

Ulrike zieht sich erst die Trainingshose aus und dann die

Trainingsjacke und dann eine zweite Trainingshose, langsam, als wäre es das letztemal und als wollte sie sich darum jeden Handgriff und das Gefühl bei jedem dieser Handgriffe genau einprägen, um sich immer daran erinnern zu können. Ihre Nerven drängen sie dazu, sehr schnell den Trainingsanzug abzustreifen und an den Sprung heranzugehen. Sie muß ihrem Körper die Langsamkeit aufzwingen, damit sich die Nerven beruhigen und zugleich immer angespannter werden.

Was machen die Nerven?

Ich bin müde, antwortet Ulrike. Sie sitzt im Schneidersitz auf ihrem Bett im Athletendorf Otaniemi. Das Dorf liegt ein paar Kilometer außerhalb von Helsinki zwischen Hügeln mit Kiefernwäldern und kleinen Seen mit braunen Felsufern. Es ist nicht mehr Mittag und noch nicht Nachmittag. In gut drei Stunden beginnt ihr Wettkampf. Die Sonne steht noch beinahe senkrecht und verbrennt still das Gras. Die leeren Straßen sind an einigen Stellen aufgeweicht und riechen nach Teer.

Es ist eigentlich kein Zimmer, in dem Ulrike wohnt, es ist mehr eine Unterkunft, ein Platz zum Schlafen und wo man seine Sachen abstellen kann. Ulrike sitzt auf dem Bett zwischen Trainingsanzügen, Handtüchern, Hemden mit rotem Brustring und dem Bundesadler, Socken. Sie hat die Beine so weit unter den Körper gezogen, daß es ihr in den Oberschenkeln und in den Gelenken weh tun muß, aber sie sitzt vollkommen entspannt und scheint ihre Beine sowenig zu fühlen wie irgendwas sonst.

Vorhin habe ich mich auf dem Trainingsplatz noch ein bißchen aufgelockert. Da kam der Dietmar Mögenburg an und sagte: Bist du verrückt? Du kannst doch bei dieser Hitze nicht noch vorm Wettkampf trainieren! Er meinte, ich solle meine Kräfte sparen.

Und da?

Hab' ich gleich aufgehört. Sie kichert. Ihr Gesicht sieht leer aus, als hätten sich alle Gedanken nach innen zurückgezogen.

Du mußt doch am besten wissen, was gut für dich ist.

Och, weißt du nie so genau.

Auf dem ausgestellten Fenster tanzt ein Sonnenfleck immer

auf derselben Stelle. Draußen riecht es nach vertrockneten Kiefernnadeln. Jeder Satz, den wir im stillen sagen, schließt die Antwort des anderen gleich mit ein, und darum ist jeder Gedanke sofort zu Ende, und ein neuer fängt an. Aber jeder Gedanke kehrt zurück.
  Willst du jetzt lieber allein sein?
  Bleib mal noch einen Augenblick.
  Wenn man etwas denkt und nicht darüber spricht, weil man weiß, daß es der andere auch gerade denkt oder gerade gedacht hat oder gleich denken wird und das Denken trotzdem nicht aufhört und es still bleibt im Raum, dann hat der Augenblick die Zeit eingefangen.
  Ulrike blättert in ihrem Roman. Wie find'ste denn die Beauvoir?
  Gut. Kluge Frau. Sensibel. Und doch kühl bis ans Herz. Ihr Frauen.
  Ich möchte auch gerne klug und sensibel sein, sagt Ulrike.
  Bist du doch.
  Nervös bin ich. Und müde.
  Wie geht das denn beides zusammen?
  Weiß ich auch nicht. Bin ich aber.
  Der Roman handelt von einer Beziehung, in der sich beide Partner immer vollkommen die Wahrheit sagen.
  Ich finde, dies ist eine grausame Art, miteinander umzugehen.
  Ulrike nickt, und ich denke, wenn ich jetzt aufstünde und hinausginge, würde sie es nur ganz am Rand wahrnehmen, so weit am Rand, daß sie kaum den Kopf wenden würde. Und das wäre auch gar nicht nötig.
  Was machst du denn gleich?
  Schlafen.
  Schlaf man nicht zu lange. Nicht, daß du nachher noch schläfrig bist. Aber du wirst schon aufgeregt genug sein.
  Ich muß jetzt schon immerzu zum Klo.
  Aber du weißt ja, du mußt hier nicht gewinnen. Diese Weltmeisterschaft ist gar nicht so wichtig für dich.
  Nein.

Also, ich geh' dann mal. Natürlich darfst du dich auch nicht hängenlassen.
Ja, sagt Ulrike, und danach sagte sie nein. Wir lachen. Unser Lachen ist schnell wieder zu Ende.
An der Tür habe ich das Gefühl, etwas versäumt zu haben oder noch etwas richtigstellen zu müssen. Es ist ja nur das Übliche vor dem Wettkampf, nicht wahr?
Nur das Übliche, wiederholt Ulrike.
Und feiern tun wir hinterher sowieso.
Klar.
Ulrike muß als erste über einsneunundneunzig. Tamara Bykowa sitzt ohne Jacke auf der Bank neben der Hochsprunganlage, heruntergebeugt, damit sie sich die Reißverschlüsse an ihren Hosenbeinen aufziehen kann. Mitten in der Bewegung hält sie inne und sieht zu Ulrike hinüber.
Auf einmal ist der Kunststoff unter Ulrikes Füßen lebendig, und er trägt sie und trägt sie hoch hinauf, und wie sie noch über der Latte ist, setzt schon eine Bewegung auf der Tribüne ein, und dann hat Ulrike einsneunundneunzig übersprungen. Das Stadion tost.
Ulrike stößt nur einmal kurz ihre Faust in die Luft und zieht sich nun wieder genauso langsam an, wie sie sich vor fünf Minuten ausgezogen hat. Tamara Bykowa reißt ihren ersten Versuch. Die Bykowa hat ganz schön Pfeffer in den Beinen, hatte Ulrike gesagt. Jeder im Stadion kann sich davon überzeugen, und im zweiten Versuch ist auch die Bykowa drüber. Die Kampfrichter legen die Latte auf zwei Meter eins.
Alles wiederholt sich jetzt – als werde dem Publikum das Ende eines Filmes gezeigt, nur daß er vor der Schlußszene ausgeblendet wird.
Ulrike scheitert bei ihrem ersten Versuch. Es ist ziemlich kühl geworden. Sie zieht sich ihre Trainingshose an und geht mit wippenden Schritten auf und ab. Im Stadion ist es so still, daß man ihre Schritte im Gras zu hören glaubt. Dann schreien die Menschen auf, und die Bykowa steht mit erhobenen Armen auf der Sprungmatte. Sie hat die zwei Meter eins geschafft. Auf den Monitoren der Pressetribüne wird der Sprung

von Tamara Bykowa in Zeitlupe wiederholt. Plötzlich springt das Bild um: Ulrikes Gesicht in Großaufnahme ... und ich erschrecke. Dieses Gesicht kenne ich. Das ist das Gesicht, das sie daheim in Wesseling zeigt, wenn ihre Mutter ihr zuviel über ihre Art zu leben erzählt, wenn sie im Restaurant sitzt und immer wieder jemand kommt und ein Autogramm haben will, wenn sie alleine sein will und aus Rücksicht noch nichts sagt. Ulrike ist müde, hat keine Lust mehr, will nach Hause. Aber die Hoffnung glaubt nicht, was die Augen sehen. Irgendwo in der Kurve muß in ihrem Rücken Gerd Osenberg sitzen. Osenberg wird ihr jetzt den entscheidenden Tip geben, damit sie noch einmal den Kunststoff mit ihren Schritten zum Leben erwecken kann. Ulrike verzichtet auf weitere Versuche über zwei Meter eins und läßt die Latte auf zwei Meter drei legen. Weltrekord. Sie hat jetzt noch zwei Versuche. Tamara Bykowa noch drei. Beim ersten Versuch streift Ulrike die Latte nur so eben noch mit den Waden herunter. Die Zuschauer seufzen alle im selben Moment. Dann ist der Wettbewerb zu Ende. Es hat keinen Weltrekord gegeben.

Ulrike steht am Gitter und redet mit Osenberg und gibt Autogramme. Ein Kampfrichter steht hinter ihr und wartet, weil er sie innerhalb der nächsten Stunde zur Dopingkontrolle bringen soll.

In den Gängen unter der Haupttribüne stehen Reporter und warten. Ulrike trottet als letzte quer über den Rasen dem Kampfrichter hinterher. Während des Wettkampfs hätte ich ihr beinahe eine Disqualifikation eingebracht. Ein Kampfrichter hatte sie von der Hochsprunganlage weg zum Tribüneneingang geführt, und ich dachte, sie habe sich verletzt und müsse aufgeben. Ulrike mußte aber bloß zur Toilette, und der Kampfrichter hatte aufzupassen, daß sie von niemandem Tips für den Wettkampf bekam oder etwas zu essen oder zu trinken oder ein Medikament. Er grinste, als er das Mißverständnis begriffen hatte.

Die Illustrierten-Reporter sind unglücklich, weil ihnen eine Titelgeschichte geplatzt ist. Ulrike ist ja jetzt eine Verliererin. Die Reporter besetzen einen Ausgang zum Interviewraum, einen, wo es zur Dopingkontrolle geht, und einen zum Stadionausgang. Ulrike soll unbedingt noch ihren Wettbewerb erzählen.

Der Wettkampf ist seit über einer Stunde zu Ende. Im Interviewraum erklärt Tamara Bykowa, sie habe die ganze Zeit Angst um ihren Sieg gehabt, weil sie Ulrike den Weltrekord zutraute. Reinigungskolonnen fegen Papier und Abfälle zusammen. Am nächsten Morgen erzählt Ulrike, sie habe stundenlang bei der Dopingkontrolle gesessen und nicht gekonnt.

Der nächste Tag ist genauso sonnig und warm. Wir sitzen auf der kleinen, offenen Tribüne über dem Trainingsplatz. Von hier blickt man über einen schmalen Streifen Kiefernwald auf einen See. Vor dem See flattern die 146 Nationalfahnen der Teilnehmerstaaten.

Das ist vielleicht komisch, sagt Ulrike, alle sehen mich mitleidig an und reden von Niederlage. Findest du, daß ich verloren habe?

Beinahe wärst du noch Weltrekord gesprungen, sage ich, und dabei war es nicht gerade ein besonders guter Wettkampf für dich gewesen.

Wenn ich bloß nicht so müde gewesen wäre, sagt Ulrike. Ein Fotograf kommt und will ein Bild von ihr mit der Silbermedaille machen.

Die hab' ich doch noch gar nicht, sagt Ulrike. Gestern abend war keine Siegerehrung mehr, weil es schon so spät war. Sie wendet sich von ihm ab.

Die Dopingkontrolle war eine Katastrophe. Der Fotograf lacht, als hätte sie ihm eine vertrauliche Mitteilung gemacht, und fragt, ob sie nicht etwas anderes Persönliches habe, womit er sie fotografieren könne. Sie verabreden ein Treffen nach der Siegerehrung für das Foto mit der Silbermedaille. Ich wundere mich, daß es ihr noch immer so schwer fällt, nein zu sagen.

Später trinken wir in der Gartenbar noch einen Kaffee. Gleich nach der Siegerehrung will Ulrike nach Oslo fliegen. In dem kleinen Brunnen funkeln tausend Sonnen. Ulrike hat ihre Beine ausgestreckt, und die Beine sehen in der Trainingshose unheimlich lang aus, und ich erinnere mich daran, wie klein sie am Abend vorher auf dem Rasen ausgesehen hatte.

Ich hätte bloß ein bißchen mehr Glück gebraucht, sagt Ulrike.

Natürlich. Laß man deinen Kaffee nicht kalt werden. Immerzu kommen Athleten und Trainer und Funktionäre vorüber, bleiben stehen, gratulieren und schwatzen einen Augenblick. Ulrike sieht erleichtert aus. Es ist der 10. August. Der Himmel ist faltenlos und blau. Die Weltmeisterschaft dauert noch vier Tage.

Auf einmal hat Ulrike es eilig.

Also dann, sage ich.

Am nächsten Mittwoch bin ich beim Sportfest in Berlin, und dann fliege ich gleich nach London weiter zum Europacup, und dann kommt Zürich und dann Köln; du weißt ja, diese Sportfeste. Zwischendurch habe ich bestimmt noch Autogrammstunden, und im September soll ich auf die Automobil-Ausstellung.

Schön. Dann bis Oktober.

Da mache ich Urlaub. Nach ein paar Schritten dreht Ulrike sich noch einmal herum und winkt. Wie sie den Weg hinuntergeht, sieht sie trotz ihrer Größe wie ein halbwüchsiges Mädchen aus.

*

Vierzig Minuten vor dem Wettkampf fängt das Alleinsein an. Wir Hochspringerinnen werden zum Stellplatz gerufen. Das Kampfgericht hakt unsere Namen auf seiner Liste ab. Von nun an bleiben wir beisammen, eine Schicksalsgemeinschaft, die in den nächsten drei Stunden auf eine einzige Aufgabe konzentriert sein wird: so oft wie möglich über die langsam in die Höhe rückende schwarzweiße Querlatte zu springen. Die Rollen in dieser Gemeinschaft sind normalerweise vor dem Wettkampf verteilt: die Außenseiter, die Chancenreichen und die Favoriten. Bei der Weltmeisterschaft in Helsinki waren es zwei: Tamara Bykowa aus der Sowjetunion und ich.

Bevor wir ins Stadion geführt wurden, saßen wir in einer kleinen Baracke und warteten. Mit dieser Wartezeit fängt der Wettkampf eigentlich schon an, der Kampf mit den eigenen Nerven. Manche sind dann aufgedreht und reden und albern, um sich von ihrer Nervosität zu befreien, andere versuchen konzentriert, die Spannung in sich aufzubauen, die man für eine Höchstleistung benötigt, im Körper wie im Kopf. Beides aber ist schon der erste Schritt zur Enttäuschung. Hier, im Vorraum der Arena, ist es zu spät, sich noch Spannung aufzubauen oder sich von ihr zu befreien, jetzt gilt nur noch eines: sich seiner Sache sicher sein. Und kann man sich seiner Sache nicht sicher sein, so muß man wenigstens seiner selbst sicher sein. Ich versuche, mich dann immer ganz kühl und sachlich auf mich selbst und die vor mir liegende Aufgabe zu konzentrieren. Diese Kühle habe ich bei allen meinen großen Konkurrentinnen erlebt, bei Sara Simeoni so gut wie bei Rosemarie Ackermann und in Helsinki auch bei Tamara Bykowa.

Bevor sie uns ins Stadion führten, wurden unter der Tribüne noch unsere Startnummern, Trainingsanzüge und Sporttaschen inspiziert, damit wir nicht als lebende Reklametafeln herumlaufen konnten. Wo die Schrift eines Sponsors, einer Sportartikelfirma oder eines Sportausrüsters zu groß war, wurde sie mit Plastikstreifen überklebt. Die drei Buchstaben eines großen Herstellers von Videobändern auf den Startnummern allerdings wurden nicht überklebt; er hatte nämlich mit einem Millionenbudget diese Weltmeisterschaft in Helsinki finanziell abgesichert. Carl Lewis hatte sich beim Weitsprung mit den Kampfrichtern angelegt, weil er die Buchstaben des Sponsors versteckte, indem er seine Startnummer umknickte. Das Geld der Industrie, meinte Carl, sollten die Athleten bekommen und nicht die Veranstalter. Das war natürlich weniger Geschäftsgeist, sondern vor allem Provokation. Carl Lewis konnte sich während seines Wettkampfs auch noch diese Sondereinlage leisten. So überlegen wie der wäre ich auch gerne an meinem Wettkampftag gewesen.

Meine Beine waren schwer, und ich hatte große Angst, daß die Knieschmerzen wiederkommen würden. In der letzten Woche vor dem Wettkampf hatte ich wegen Schmerzen an der Patellasehne nicht mehr optimal trainieren können. Das Knie hielt, und ich dachte, wenn du keine Angst mehr vor den Schmerzen haben mußt, schleift sich vielleicht auch die Technik plötzlich wieder ein. Wenn sich nur meine Beine besser anfühlen würden.

Knapp zwei Stunden vor dem Wettkampf waren wir von unserer stillen Sommerfrische des Athletendorfes ins Stadion gefahren. Ich lag auf dem Einlaufplatz im Schatten und döste. Die Zeit vor dem Wettkampf kann für mich gar nicht lang genug sein. Ich genieße die Ruhe, die sich dann in mir ausbreitet, lese, denke an irgendwas, knabbere Plätzchen, packe meine Sportsachen zusammen. Handgriffe beruhigen.

Eine Stunde vor Wettkampfbeginn kam Gerd Osenberg und sagte, es sei Zeit für mich, mit dem Aufwärmen zu beginnen. Der Kreislauf wird auf Trab gebracht, die Muskulatur gedehnt, der Körper kommt auf Betriebstemperatur. Das wichtigste sind dann für mich koordinative Übungen für den Anlauf. Ein Schritt muß sich sozusagen ganz leicht und ganz selbstverständlich aus dem anderen ergeben, so daß es nicht die Spur einer Verzögerung in der Muskulatur gibt. Ich mache dann Skippings, kurze, energische Sprintschritte auf der Stelle, um Geschwindigkeit in meine Beine zu bringen, und Kniehebelläufe. Das ist eine schwierige Übung, bei der das Knie sehr schnell sehr weit angehoben wird, während das Standbein vollkommen gestreckt sein muß. Man kann eine Menge technischer Fehler bei dieser Laufübung machen, doch wenn ich bei den Kniehebelläufen ein gutes, sauberes Laufgefühl habe, dann bin ich sicher, daß meine Technik an diesem Tag sitzt. Wenn die Technik des Anlaufs stimmt, ist die Hälfte schon gewonnen. Stimmt sie jedoch nicht, ist beinahe alles schon verloren.

Es war eine Stunde vor dem Wettkampf, und ich hatte ein komisches Gefühl in den Beinen, die Blutgefäße, die Muskelzellen, wie zugeschlossen.

Hinterher erzählte mir Gerd Osenberg, daß er mich an diesem Tag nicht als Siegerin getippt hatte. Er wußte nämlich wieder mal mehr als ich: Er wußte um meinen Biorhythmus. Der Biorhythmus beruht auf der – wissenschaftlich allerdings nicht fundierten – Theorie, nach der das Leben des Menschen vom Tag seiner Geburt an in wellenförmigen Phasen von dreiundzwanzig (physische Aktivität), achtundzwanzig (Gefühlsleben) und dreiunddreißig (intellektuelle Leistungen) Tagen verläuft. Da diese drei Intervalle unterschiedlich lang sind, kommt es vor, daß ich Wettkampftage habe, bei denen alle drei Linien über oder auch unterhalb der Null-Linie verlaufen, daß ich also biorhythmische Hochs und Tiefs habe. In Helsinki war es ein Tief. Gewußt hatte ich es nicht, nur auf dem Einlaufplatz gespürt. Gerd Osenberg weiß zwar immer genau über meinen Biorhythmus Bescheid, aber vor Wettkämpfen sagt er mir nie, wie er aussieht, und ich will es auch gar nicht wissen. Befinde ich mich in einem Hoch, gerate ich durch mich selbst bloß unter Erfolgsdruck, in einem Tief besteht die Gefahr, daß ich mich von vornherein hängenlasse. Mögen sich die Biologen darüber streiten, was dieser Rhythmus wissenschaftlich wert ist, bei mir hat er jedenfalls seit vielen Jahren immer ziemlich genau gestimmt.

Achtzehn Springerinnen waren zum Endkampf zugelassen worden. Ich seufzte. Ein unendlich langer Wettkampf stand bevor. Normalerweise nehmen nicht mehr als zwölf Springerinnen am Finale teil. Auf zweieinhalb Stunden konnte ich mich mindestens einstellen. Das Besondere am Hochsprung ist ja, daß wir unsere beste Leistung bringen müssen, wenn unsere Kraft schon nachläßt. Es genügt also nicht nur, am Wettkampftag rein muskulär in der Lage zu sein, eine große Höhe springen zu können, ich muß vor allem meine körperliche, aber auch geistige Ermüdung so weit wie möglich hinausschieben.

Ich hatte mir einen dünnen Schlafsack mit ins Stadion genommen, in dem ich mich von Zeit zu Zeit verkroch, um mich warmzuhalten. Als die Sonne immer flacher ins Stadion schien und schließlich unsere Hochsprunganlage im Schatten versank, wurde es kühl. Die erste Höhe, einsfünfundsiebzig, ließ ich aus. Tamara Bykowa ließ sie ebenfalls aus, was natürlich ganz klar war. Denn die Anzahl der Versuche kann unter Umständen über den Sieg entscheiden. Im Hochsprung ist das etwas komplizierter. Angenommen, Tamara und ich hätten beide zwei Meter eins im ersten Versuch übersprungen und wären an zwei Meter drei gescheitert, so hätte die vorletzte Höhe des Wettbewerbs, also einsneunundneunzig, über die Reihenfolge entschieden. Die hatte ich im ersten, Tamara aber erst im zweiten Versuch übersprungen, und so wäre ich Weltmeisterin geworden. Hätten wir allerdings auch die einsneunundneunzig im gleichen Versuch übersprungen, dann wäre die Gesamtzahl unserer Versuche während des Wettkampfs entscheidend gewesen. Deshalb ist es ein taktischer Fehler, eine niedrige Höhe zu überspringen, wenn sie von der härtesten Konkurrentin ausgelassen wird; die hat dann schon mal einen Versuch insgesamt weniger. Um diesen Nachteil auszugleichen, kann ich natürlich später versuchen, eine größere Höhe auszulassen, auf die sie nicht mehr verzichten will, weil ihr das Risiko zu groß ist. Aber das Risiko, nach einsachtundachtzig die einszweiundneunzig auszulassen und gleich auf einsfünfundneunzig zu steigern, ist doch ziemlich hoch.

Bei einsachtundachtzig waren immer noch sechzehn Springerinnen im Wettbewerb. Ich lag in meinem Schlafsack und versuchte, innerlich in Balance zu bleiben. In Balance zwischen Spannung und Entspannung, damit ich mich nervlich nicht aufrieb und doch frisch und leistungsbereit blieb, ohne mich durch die langen Wartezeiten zwischen den Sprüngen durchhängen zu lassen. Im Grunde muß man immer wieder neu lernen, so einen langen Wettkampf durchzustehen. Ich sehe mir dann meistens die Zuschauer an oder schicke meine Gedanken weit weg, aus dem Stadion hinaus, oder beobachte betont nüchtern die Sprünge meiner Konkurrentinnen. Auch die von Tamara Bykowa. Das muß man lernen: hinsehen können, wenn die Rivalin springt, und dabei ganz kühl bleiben, egal wie gut sie springt. Und Tamara Bykowa sprang an diesem Tag verdammt gut.

Gerd Osenberg hatte vorher mit mir ausgemacht, daß ich mich neu aufwärmen und bewegen sollte, sobald die Latte ungefähr auf einsneunzig liegt. Den Zeitpunkt hätte ich beinahe verschlafen. Mir fehlte die innere Spannung an diesem Tag, und ich war wahrscheinlich einfach zu faul. Schon bei meinen ersten Sprüngen über einsachtzig und einsvierundachtzig Meter hatte ich gemerkt, daß irgendwas nicht stimmte. Mein Bewegungsgefühl war nicht gut, meine Sprünge waren nicht optimal. Wenn ich mich sehr gut fühle, kann ich meine Bewegungsfehler ganz gut selbst korrigieren, dann fühle ich, was falsch ist, und kann die Bewegung steuern. Jetzt aber war dieses Gefühl taub und ungenau.

Die waren immer noch bei einsachtundachtzig Meter, und ich war ein bißchen schlaff. Zu schlaff für eine Weltmeisterschaft. Ich sah in die Zuschauermenge hinein und suchte gewohnheitsmäßig meinen Trainer, und auf einmal entdeckte ich eine Bewegung in der unteren Tribünenreihe, eine Bewegung, die mich weckte, als hätte sich plötzlich das Blut in meinem Kopf ungeheuer beschleunigt: Osenberg! Er trat mich, bildlich gesprochen, in den Hintern, damit ich endlich aufstünde und mich bewegte. Es war höchste Zeit geworden. Einszweiundneunzig wurden aufgelegt, und nun waren nur noch neun Springerinnen dabei. Die letzte Phase vor der Entscheidung begann.

Ich hatte gesagt, das Alleinsein beginnt vierzig Minuten vor dem Wettkampf, aber ganz allein bin ich doch nicht. Bei jedem wichtigen Wettkampf weiß ich, wo Gerd Osenberg sitzt. Wir wissen ja vorher, wo die Hochsprunganlage aufgebaut ist und wo also mein Anlaufpunkt sein wird. Irgendwo, schräg dahinter und nicht weit entfernt, sitzt Osenberg unter den Zuschauern und paßt auf. Wir haben uns eine Zeichensprache ausgedacht, die einfach und klar und nicht mißzuverstehen ist, weil sie sich nur auf wenige Fehler beschränkt, die ich während des Wettkampfs machen und mit Osenbergs Hilfe korrigieren kann: Geh zurück mit dem Anlauf, heb das Schwungbein mehr an, heb die Arme höher und bring die Hüfte höher vor die Latte. Manchmal macht er mir auch die Bewegung oder meinen Bewegungsfehler vor, und die Zuschauer haben dann eine kleine pantomimische Sondereinlage. Nur die Kampfrichter in ihren roten oder blauen Klubjacken dürfen es nicht bemerken, weil coachen – wie wir diese Art Wettkampfhilfe nennen – nicht erlaubt ist. Wir Athleten sollen ganz allein auf uns gestellt sein und dürfen uns auch untereinander nicht helfen. Aber alle versuchen es.

Die Pausen zwischen den Sprüngen waren kürzer geworden. Einsfünfundneunzig – da waren's nur noch fünf. Außer Tamara Bykowa und mir noch die beiden Amerikanerinnen Louise Ritter und Colleen Sommer und zu meiner Überraschung Kerstin Brandt aus der DDR. Bei einssiebenundneunzig wurde die Bronzemedaille vergeben. Louise Ritter gewann sie. Nur noch Tamara und ich waren übriggeblieben, und ich wußte, daß ich für den Sieg höher springen mußte als sie, weil ich bei einsfünfundneunzig und einssiebenundneunzig einen Fehlversuch gehabt hatte. Es war nicht leicht, mir vorzustellen, ich könnte an diesem Tag höher springen als sie; daher verschwendete ich erst gar keine Kraft an diesen Gedanken. Himmel, war die sicher. Die war einfach unverschämt sicher. Nach jedem Sprung stieg sie mit einem dermaßen zufriedenen Gesichtsausdruck von der Sprungmatte herunter und grinste zu mir hinüber, daß ich normalerweise die Wut gekriegt und mich herausgefordert gefühlt hätte. Doch ich war einfach zu müde und blieb kalt und unbeteiligt. Die einsneunundneunzig schaffte ich im ersten Versuch, endlich ein richtig guter Sprung, bei dem das Gefühl im Körper stimmte. Tamara riß, kam aber im zweiten Versuch himmelhoch drüber. Wenn wir jetzt beide nicht mehr über zwei Meter eins kommen, dann bist du Weltmeisterin. Der Gedanke war so schnell vorbei wie ein Blitzlicht. Die war viel zu gut, die Bykowa, und außerdem wollte sie meinen Weltrekord knacken, der stand auf zwei Meter zwei.

Als Tamara zwei Meter eins im ersten Versuch geschafft hatte und auf der Sprungmatte stand und sich feiern ließ, nachdem ich zuvor gerissen hatte, war dieser Wettkampf in mir selbst irgendwie zu Ende; wie abgerissen. Alle Spannkraft war weg. Und doch stand die Entscheidung noch einmal auf der Kippe.

»Geh auf zwodrei«, hörte ich Osenberg sagen. Die Regeln lassen es zu, daß man sich nach einem mißglückten Sprung die nächsten beiden Versuche für die nächste Höhe aufspart. Tamara Bykowa saß auf ihrem Bänkchen und wartete auf meinen zweiten Versuch über zwei Meter eins und begriff zuerst nicht – ich stand nicht am Anlauf, sondern zog mir die Trainingshose wieder an –, daß sie nun schon wieder springen sollte. Sie hatte sich auf eine längere Ruhepause eingerichtet und war nun etwas aus der Fassung geraten. Ich fühlte mich nicht danach, Weltrekord zu springen. Beim ersten Versuch über zwei Meter drei wäre ich trotzdem beinahe drüber gewesen. Auch Tamara schaffte es nicht mehr, und ich freute mich, meinen Weltrekord behalten zu haben. Außerdem war der Abstand zwischen ihr und mir sehr klein geblieben.

Eine Woche später, beim Europapokalfinale in London, war der Weltrekord dann fällig. Ich hatte nicht unbedingt an Revanche gedacht, sondern hatte das erneute Duell mit Tamara eher verdrängt, doch von einem Sprung zum anderen baute sich ganz unerwartet eine starke Spannung in mir auf. Jetzt hatte ich die Aggressivität, hatte außerdem die Willenskraft, die mir in Helsinki gefehlt hatten, und zu meiner größten Überraschung verbesserte ich meinen Weltrekord auf zwei Meter drei im ersten Versuch. Tamara machte es mir im zweiten Anlauf nach.

Inzwischen hat sie ihre Hochform genutzt, um den Weltrekord auf zwei Meter vier zu erhöhen. Es schmerzt mich nicht sehr, den Rekord verloren zu haben. Wenn es in Los Angeles um den Olympiasieg geht, wird Tamara und mir gar nichts anderes übrigbleiben, als wieder Weltrekord zu springen. Und dort werden wir bestimmt nicht mehr die einzigen sein, die über zwei Meter kommen.

Tamara wird also nun die letzte große Gegnerin meiner Laufbahn sein. Wir können uns ganz gut leiden. Daß sie mir in Helsinki ihre Sicherheit und Stärke so bewußt demonstrierte, um mich aus dem Gleichgewicht zu bringen, kann ich ihr nicht vorwerfen. Das gehört zum pychologischen Wettkampf. Als sie eine Woche später in London trotz des Weltrekordes gegen mich verloren hatte, mußte sie schon ganz schön schlucken. Aber sie blieb freundlich und sehr kameradschaftlich. Nach dem Weltpokal 1981 in Rom hatte Tamara beim Bankett sogar eine kleine Rede auf Sara Simeoni und mich gehalten, weil sie fand, daß wir beide einen tollen Wettkampf gemacht hatten. Auch mit meinen anderen beiden großen Rivalinnen habe ich immer auf gutem Fuß gestanden. Sara Simeoni aus Italien ist mir bei all unseren Begegnungen als sehr feiner Mensch erschienen; eine Dame. Sie war immer ausgeglichen, fröhlich und zu allen offen – auch zu mir; und wenn der Wettkampf noch so hart war. An Rosemarie Ackermann aus der DDR habe ich oft bewundert, wie locker sie im Wettkampf war. Auch als sie der große Star gewesen war, war sie nie unnahbar und nie so ausschließlich auf sich selbst konzentriert wie die meisten anderen. Sie hatte auch im härtesten Wettkampf noch ein Wort für ihre Konkurrentinnen übrig. Das ist lange nicht so selbstverständlich, wie es vielleicht klingen mag. Denn eines haben wir alle erfahren müssen: Es gibt immer nur einen Sieger. Die anderen sind die Verlierer – jedenfalls vor der Öffentlichkeit.

XIII. Kapitel
Der Boykott

»Wir Sportler sind doch bloß ein Symbol.«

Vor den geöffneten Flügeltüren der St.-Johannis-Kathedrale stehen Menschen, die in der Kirche keinen Platz mehr gefunden haben. Drinnen singen sie einen Choral, und die Sprache hört sich auf einmal nicht mehr polnisch an. Wir gehen die Straße weiter hinunter zum Altstadtmarkt von Warschau. Das Sonnenlicht springt über die groben Köpfe der Pflastersteine, die Wolken werfen keinen Schatten über den Platz, ein sehr alter dünner Mann spielt auf einer Geige, und es ist irgendein Sommertag gegen Ende des 17. Jahrhunderts, und der polnische König Sobieski hat gerade vor Wien das Abendland gerettet. Die schönen Hausfassaden sind aber erst dreißig Jahre alt und schon zum zweitenmal nach einem Krieg wiederaufgebaut worden, und wir befinden uns in diesem deprimierenden Juni des Jahres 1980, drei Wochen nach der Empfehlung des Deutschen Bundestages, keine Sportler zu den Olympischen Spielen von Moskau zu entsenden.

Ulrike ist in Form. Für Moskau hatte sie sich Chancen ausgerechnet. Stell dir vor, acht Jahre nach München vielleicht noch einmal eine Medaille. In Warschau wird die Zwischenrunde zum Leichtathletik-Europapokal ausgetragen. Den Europapokal gibt es nun mal. In vier Wochen werden die Olympischen Spiele eröffnet.

Der Hochsprung der Frauen findet am zweiten Pokaltag statt. Ulrikes große Gegnerin ist die Polin Urszula Kielan, die in diesem Jahr schon einsvierundneunzig hoch gesprungen ist und noch keinen Wettkampf verloren hat.

Rings um den Altstadtmarkt haben polnische Maler ihre Bilder ausgestellt. Viele Bilder sind so schön, daß wir uns später noch an das Gefühl erinnern, das wir vor ihnen gehabt hatten, obwohl wir die Einzelheiten vergessen hatten. Wir hatten gehört, daß die Polen unter allen Malern des Ostblocks als die fortschrittlichsten, künstlerisch freiesten gelten. Das freute uns. Es ist nicht leicht, durch Warschau zu gehen und dabei Vergangenheit und Gegenwart getrennt zu halten. Wir versuchen es gar nicht erst und fragen auch nicht, woher die Sympathie kommt. Polen scheint uns ein bedrohtes Land zu sein. Der Olympia-Boykott war ausgelöst worden, weil die Sowjetunion ihre Truppen nach Afghanistan geschickt hatte. Ulrike sagt, sie wäre furchtbar gerne zur Olympiade nach Moskau gefahren. In Warschau klingen die Argumente zum Olympia-Boykott anders als in Leverkusen.

Später sitzen wir auf dem alten Festungswall über der Weichsel. Auf den Wiesen zum Fluß hinunter kann man heiße Würstchen kaufen und helles, schwach schäumendes Bier. Die Weichsel heißt hier Wisla. Wir sehen auf den Zoologischen Garten am anderen Ufer; dahinter erheben sich die Wohnblocks des neuen Warschau. Ein Junge läuft auf seine Mutter zu und ruft:»Mamusch, Mamusch.« Wir lachen, weil uns die Szene irgendwie an etwas Romanhaftes erinnert.

Mit Olympia scheine ich einfach Pech zu haben, sagt Ulrike.

Einmal hast du immerhin Glück gehabt.

Ja, sagt Ulrike. Und dann sagt sie: Schade.

Es ist ziemlich still dort oben an der Stadtmauer, die meisten Touristen biegen vorher ab. Die Hochhäuser auf der anderen Seite sehen vor allem nach Menschen aus; weniger nach Wiederaufbau. Ich finde es richtig, daß viele Länder auch einmal gegen eine Großmacht Sanktionen beschlossen haben. Stell dir vor, wenn die Olympischen Spiele in Pakistan hätten stattfinden sollen und die Pakistani vorher in Afghanistan einmarschiert wären. Wahrscheinlich hätte es dann geheißen, ein Land, das sich im Kriegszustand befindet, darf keine Olympiade ausrichten.

Wahrscheinlich.

Olympia ist nun mal ein Symbol.

Überall ist Krieg auf der Erde, sagt Ulrike. Wenn Olympi-

sche Spiele nur im Frieden ausgerichtet werden sollen, dann finde ich, sollte man uns Sportler mehr an der Entscheidung beteiligen.
Der mündige Athlet, sage ich.
Davon reden sie doch immer.
Mündige Menschen können sich schließlich auch irren, und ich finde, daß man in der Lage ist, zu wählen, beweist noch gar nichts. Wer mündig sein will, muß in der Lage sein, sich gegen seine Interessen zu entscheiden.
Wessen Interessen? fragt Ulrike. Und warum nur wir Sportler?
Der Boykott-Beschluß ist am 15. Mai gefaßt worden. Dieser Juni ist heiß, wir sind müde. Viele Athleten sind in diesen Wochen müde geworden oder merken auf einmal, wie müde sie schon vorher im April und im Mai durch die Diskussionen geworden sind. Nur die, die von vornherein einen unverrückbaren Standpunkt eingenommen haben, sind nicht müde. Sie kämpfen den Kampf jeden Tag aufs neue. Ulrike kämpft nicht mehr mit. Je länger man sich auf diesen Kampf einläßt, um so unübersichtlicher werden die Fronten, und haben wir nicht längst gelernt, daß wir uns an Recht und Unrecht als klare, unveränderliche Begriffe in der Politik nicht halten können?
Das ganze Training, sagt Ulrike. Ich hatte soviel drauf im Winter. Und nun war das alles umsonst.
Findest du?
Langsam fließt die Weichsel unter der Danziger Brücke durch. Sieht man fest auf eine Stelle im Fluß unter der Brücke, scheint die Brücke zu schweben.
Nein, sagt Ulrike, eigentlich nicht.
Jetzt bist du vierundzwanzig, sage ich und denke daran, daß sie achtundzwanzig sein wird, wenn die nächsten Olympischen Spiele in Los Angeles stattfinden.
Wofür macht man das, sagt Ulrike. Nur für Olympische Spiele macht man es jedenfalls nicht.
Es tut mir leid, daß Ulrikes Sportkarriere nun kein glückliches Wiedersehen mit Olympia haben kann. Der Fluß, die Wiesen, die Wohnblocks liegen unter der Juni-Hitze, ein frem-

des, zugleich merkwürdig vertrautes Land; wie die Erinnerung an ein Erlebnis, das man sich oft vorgestellt hat und das dann niemals gekommen ist.

Wir gehen zurück. Aus einer Gaststätte, die wie eine Kantine aussieht, duftet es nach Pfannkuchen. Es duftet so, daß wir sofort Lust auf Pfannkuchen haben. In der Schlange vor der Essensausgabe überlegen wir, wie wir es den Frauen hinter dem Tresen klarmachen können, daß wir auch diese Quarkpfannkuchen wollen. Ein junger Pole hört es und bestellt. Das Schöne ist, daß er Ulrike nicht kennt.

Als wir die Heilig-Kreuz-Kirche, wo das Herz von Chopin in einer Urne aufbewahrt wird, hinter uns lassen, tun Ulrike die Füße weh.

Ich darf jetzt auch nicht mehr laufen, sonst habe ich morgen müde Beine. Und wenn ich schon nicht zur Olympiade kann, will ich in diesem Jahr wenigstens Deutschen Rekord springen, sagt sie. Der Rekord steht noch immer auf einsfünfundneunzig. Ulrike muß noch ein Jahr auf ihn warten.

Wir stehen an der Straße und warten auf ein Taxi, aber kein Taxi kommt, und Ulrike will wirklich nicht mehr laufen. Fahren wir eben mit der Straßenbahn, sage ich.

In der Straßenbahn finden wir keinen Schaffner, auch niemanden, der uns versteht, und so fahren wir schwarz.

Am nächsten Tag springt Ulrike einsvierundneunzig hoch und teilt sich den ersten Platz mit Urszula Kielan. »Olympiasiegerin in Warschau beim Schwarzfahren erwischt« wäre natürlich eine aufregendere Schlagzeile gewesen. Urszula Kielan gewinnt vier Wochen später in Moskau mit einsvierundneunzig hinter Sara Simeoni die Silbermedaille.

*

Die Nachricht kam durch den Rundfunk. Also doch: Olympia-Boykott! Aber ich spürte nichts dabei. Keine Enttäuschung, keinen Zorn. Nur Leere. Wie viele andere Athleten auch, hatte ich nicht mehr an unsere Olympiateilnahme in Moskau glauben können. Trotzdem hatte auch ich gehofft, daß es noch einen Weg geben würde. Es blieb uns doch nichts anderes übrig, als zu hoffen und weiter zu trainieren. Dieses endlose Frühjahr mit seinen endlosen Diskussionen. Der Frust, wenn es im Training weh tat und wir uns fragten, wozu das Ganze, wir fahren ja doch nicht zur Olympiade. Irgendwie haben wir den Frust immer wieder weggedrängt und gehofft. Als das Hoffen nun zu Ende war, stellte ich fest, daß sich für mich gar nicht soviel verändert hatte. Die Welt brach jedenfalls nicht zusammen.

Im Frühjahr 1980 war ich ganz gut in Form, aber ich empfand mich nicht unbedingt als Medaillen-Kandidatin. Auf die Olympischen Spiele freute ich mich, weil ich gerne noch einmal eine Olympiade erleben wollte, aber meine Ziele waren nicht besonders hochgesteckt. Sara Simeoni war sowieso nicht zu schlagen. Wenn es gutging, konnte ich vielleicht eine Medaille gewinnen. Bei Guido Kretschmer, dem Mainzer Weltrekordler im Zehnkampf, bei dem Hammerwerfer Karl-Hans Riehm aus Wattenscheid oder bei meinem Klubkameraden Dietmar Mögenburg war das etwas anderes. Sie befanden sich in der Form ihres Lebens und sollten auf die große Chance verzichten, Olympiasieger zu werden. Meistens hat man die nur einmal in einer Karriere. Trotzdem blieb auch für mich in den Wochen nach der Entscheidung diese Leere. Das ist schwer zu erklären. Einerseits sagte ich mir, du versäumst durch den Olympia-Boykott nicht viel, weil ich mir von Moskau nicht unbedingt einen sportlichen Höhepunkt versprochen hatte. Andererseits empfand ich meine Abhängigkeit von diesem Ziel. Man kommt mit dem Kopf einfach nicht dagegen an.

Das Training ging normal weiter. Jetzt wollte ich wenigstens den Deutschen Rekord verbessern. Das war aber bloß ein Ersatzmotiv. Ich schaffte es einfach nicht mehr, im Training bis an meine Belastungsgrenze zu gehen. Überhaupt bestimmten Enttäuschung und Ziellosigkeit das allgemeine Klima in unseren Trainingsgruppen, davon konnte auch ich mich nicht frei machen. Wir hatten so lange um unsere Olympiateilnahme gekämpft, wir hatten verloren, und irgendwie war es nicht einzusehen, daß wir uns nun im Training noch quälen sollten. Das klingt zwar logisch, aber eine logische Handlungsweise war das für mich damals trotzdem nicht.

Vor der Abstimmung im Bundestag hatten die Aktivensprecher der verschiedenen Fachverbände im Deutschen Sportbund in Dortmund eine Protestveranstaltung organisiert. In die dunkle Westfalenhalle zogen wir wie ein Trauerzug ein, mit Kerzen in den Händen – Untergangsstimmung. Allgemein empfand ich diese Untergangsstimmung auch, für mich persönlich allerdings hatte ich sie nicht. Wir waren nach Dortmund gekommen, um zu dokumentieren, daß wir uns von den Politikern vernachlässigt fühlten und daß wir mitentscheiden wollten. Mit vielen anderen glaubte ich nicht daran, daß die Politiker sich die Entscheidung über den Boykott noch aus der Hand nehmen lassen würden. Trotzdem fand ich es richtig, daß wir Sportler uns formierten und auf uns aufmerksam machten. Das Grundgefühl war aber doch Hilflosigkeit. Was war denn der Sport schon groß? Ein Symbol für die Politik. Wir hatten immer gehört, Sport sei bei uns kein Mittel zur politischen Auseinandersetzung oder wie im Ostblock Repräsentant eines Gesellschaftssystems. Doch am meisten hatte uns erbittert, daß der Boykott auf die Athleten beschränkt blieb. Die deutschen Wirtschaftsunternehmen, die an der Olympiade in Moskau beteiligt waren, ob als Dienstleistungsbetrieb oder bei der technischen Ausstattung der Spiele, die boykottierten nicht. Wir Sportler waren eben billiger.

Wofür stehen wir, wenn wir auf dem Siegertreppchen stehen und für uns die Nationalhymne gespielt und die Fahne aufgezogen wird? Siegen wir für die Bundesrepublik Deutschland oder für die sechzig Millionen Einwohner oder die vielleicht zwanzig Millionen Sportfans? Wir siegen für uns! Jeder für sich selbst. Das wird einem dann besonders klar, wenn man verloren hat. Die Niederlage hat man immer ganz für sich allein. Damals in München oder zehn Jahre später, nach der Europameisterschaft in Athen, habe ich bei der Siegerehrung nicht daran gedacht, daß ich mein Land und seine Menschen repräsentiere. Und doch finde ich, daß die Siegerehrungen mit Fahnen und Hymnen beibehalten werden sollten.

Ich siege zwar für mich selbst, aber doch bin ich als Athletin gewissermaßen auch »Kind der Nation«. Das Land, die Gesellschaft, in der ich lebe, unterstützt mich und schafft mir einen Freiraum, in dem ich sportliche Höchstleistungen anstreben kann. Wenn ich wie jeder normale Arbeitnehmer täglich acht Stunden arbeiten müßte, bräuchte ich an olympische Medaillen und Rekorde gar nicht erst zu denken. Den Freiraum bekomme ich aber nur, weil sich viele Menschen für den Sport interessieren und an meinen Erfolgen Anteil nehmen. Sozialen Stellenwert nennt man das wohl. Deshalb hat zwar niemand das Recht, Erfolge von mir zu verlangen, aber die Gesellschaft hat schon einen gewissen Anspruch, sich durch mich repräsentiert zu sehen. Ob ich mich auch mit dem Staat identifiziere, das ist ihm zum Glück egal, und ich finde, dies ist ein Vorzug der Gesellschaft, der ich angehöre. Was aber ist der Nenner der Gemeinsamkeit zwischen dem Publikum und den Sportanhängern eines Landes und den Athleten? Die gemeinsame Nationalität. Ich glaube, daß Fahne und Hymne bei der Siegerehrung wichtig sind zur Identifikation des Publikums mit den Athleten. Schließlich denkt kein Zuschauer »Einigkeit und Recht und Freiheit«, wenn irgendwo für meinen Sieg die Hymne gespielt wird; er nimmt nur teil an meinem Sieg, und das Zeremoniell gibt ihm, der die ganze Zeit draußen war, auf der Tribüne oder vor dem Fernseher, die Möglichkeit, sich einbezogen zu fühlen. Für das Publikum sind Fahne und Hymne wichtiger als für uns Athleten. Im Prinzip könnten sie von mir aus auch die Olympiahymne und die Olympiafahne zur Siegerehrung nehmen, doch auf die Zeremonie als Symbol möchte ich nicht verzichten. In diesem Augenblick empfinde ich das Publikum und mich selbst als zwei Teile, die zusammengehören. Und was wäre der Sport ohne das Publikum!

Ich stelle mir Europameisterschaften in einem vereinigten Europa vor, das keine Landesgrenzen mehr hat. Dann würden wir denen die Daumen drücken, die aus der gleichen Ecke kommen wie wir. Aus Schleswig oder aus dem Elsaß oder aus Leverkusen. Man kommt doch immer irgendwoher, und mit seiner Herkunft identifiziert man sich. Wenn das etwas mit dem zu tun haben soll, was wir im negativen Sinn unter Nationalismus verstehen, dann gibt es solchen Nationalismus auch zwischen zwei benachbarten Dörfern oder zwei gegenüberliegenden Straßenseiten in einer Stadt. Vielleicht wollen wir es nicht mehr wahrhaben, daß wir irgendwo verwurzelt sind, damit wir uns unabhängig fühlen können. Wenn ich als Spitzensportlerin ernsthaft über meine Unabhängigkeit nachdenke, fällt mir auf, wie abhängig ich im Grunde bin. Nicht nur als Spitzensportlerin.

Flagge, Hymne, Unabhängigkeit, das waren Fragen, die mich in den Wochen des Olympia-Boykotts wenig interessiert haben. Das war eine konkrete Entscheidung, mit der wir alle fertig werden mußten, und das andere waren Theorien, die zumindest mir nicht halfen. Ich trainierte weiter. Ich merkte, daß ich mich manchmal hängenließ, und versuchte dagegen anzugehen, aber ein für manche naheliegender Gedanke ist mir durch den Boykott nicht gekommen. Ich habe nie daran gedacht, meine Karriere zu beenden.

Die olympischen Wettkämpfe habe ich mir dann im Fernsehen angeschaut. Zur Hochsprung-Entscheidung der Frauen bin ich mit meinem Freund zu Nachbarn gegangen, weil die eine starke Antenne hatten und das holländische Fernsehprogramm empfangen konnten. Dort wurde die Entscheidung original übertragen. Ich war nicht traurig vom Zuschauen, und das einzige, an das ich mich noch erinnere, war der Augenblick, als Sara Simeoni auf dem Siegespodest stand und heulte. Ein bißchen bedauerte ich sie, weil sie unter solchen Umständen Olympiasiegerin geworden war. Die Amerikanerin Debbie Brill hatte damals auch gerade wie sie einssiebenundneunzig übersprungen. Doch eine Ersatz-Olympiasiegerin war Sara gewiß nicht, sie war seit 1978 schon die Beste der Welt.

Das Wintertraining begann, das Frühjahr kam, der Olympia-Boykott war für mich vergessen. Los Angeles war viel zu weit weg, als daß ich daran hätte denken können. Irgendwann wollte ich einmal zwei Meter springen, das war mein neues Ziel. Und ich wollte Sara Simeoni besiegen. Aber mit dem Olympia-Boykott hatte das nichts zu tun.

XIV. Kapitel
Öffentlichkeit

»Die meinen mich ja bloß stellvertretend für ihre eigenen Interessen.«

Zum Wintersemester 1975/76 haben sich rund 300 Schulabsolventen bei der Zentralstelle zur Vergabe von Studienplätzen in Dortmund um einen Platz für das Diplom-Sportstudium beworben. Unter ihnen befindet sich die Hochsprung-Olympiasiegerin Ulrike Meyfarth, neunzehn, wohnhaft in Wesseling bei Köln, Abitursnotenschnitt 3,2.

212 Studienplätze sind zu vergeben. Es gehen 99 an Wehr- und Ersatzdienstleistende, achtzehn an Ausländer, sechs an Härtefälle. Die übrigen 89 zugelassenen Studienbewerber benötigen einen Notendurchschnitt von 2,8. Sport ist ein Numerus-clausus-Fach. Im Sommersemester lag der Notendurchschnitt noch bei 3,6. Die Olympiasiegerin Ulrike Meyfarth wird zum Sportstudium nicht zugelassen.

Der Präsident des Deutschen Sportbundes, Willi Weyer, findet die Tatsache, daß eine Olympiasiegerin für das Sportstudium auf den Numerus clausus angewiesen sein soll, absurd. Der Deutsche Sportbund kämpft seit drei Jahren um die Anerkennung seiner Spitzenathleten als Härtefälle. Laut Staatsvertrag sind grundsätzlich fünfzehn Prozent aller Studienplätze für Härtefälle reserviert. Der Fall Meyfarth ist bedauerlich, aber der Fall Meyfarth ist auch ein schlagendes Argument, um in der Härtefallfrage für Spitzensportler neue Antworten zu erstreiten. Weyer, Sportpräsident und ehemaliger FDP-Innenminister von Nordrhein-Westfalen, versuchte vergeblich, den Fall Meyfarth ohne Aufsehen hinter den Kulissen zu regeln.

Politiker der Regierungsparteien und der Opposition geben Stellungnahmen ab. Es sind Stellungnahmen des Bedauerns, daß einer Olympiasiegerin das passieren muß. Es sind aber nicht bloß Stellungnahmen, sondern auch Argumente, um für die eigene bildungspolitische Auffassung zu werben.

Die Zentralstelle für die Vergabe von Studienplätzen erklärt, eine »Lex Meyfarth« dürfe es nicht geben. Man wisse ja gar nicht, wo man eigentlich abgrenzen solle. »Was wäre, wenn das Fräulein Meyfarth in München nur Fünfte geworden wäre?« fragt man dort.

Haben Leistungssportler, die mit ihren Erfolgen dem Staat als Aushängeschilder dienen, diese Erfolge jedoch mit erheblichen Risiken an ihrer Gesundheit und ihrer Ausbildung erkaufen müssen, Sonderrechte gegenüber anderen Bürgern?

Der Streit um Ulrikes Studienplatz ist auf seinem Höhepunkt, noch ehe der Numerus clausus festgesetzt, eine Entscheidung getroffen wird.

Nein, sagt Ulrike, das will ich nicht. Ich will, daß das endlich meine Privatangelegenheit ist.

Damals arbeite ich für die Deutsche Presse-Agentur, und ich bitte Ulrike, mich anzurufen, wenn die Entscheidung über ihren Studienplatz gefallen ist. Beinahe täglich rufen Zeitungen in der dpa-Zentrale in Hamburg an und fragen, ob es schon etwas Neues im Fall Meyfarth gebe. Wir wollen die Nachricht natürlich auch gern als erste und auf jeden Fall vor der Konkurrenz-Agentur verbreiten.

Es ist von öffentlichem Interesse, erwidere ich.

Warum kann man mich nicht endlich mal in Ruhe lassen, sagt Ulrike, ich will in Ruhe gelassen werden. Warum fragt man mich immer, und ich muß immer antworten. Wenn ich jetzt nicht studieren kann, dann kann ich eben jetzt nicht studieren. Fragen Sie doch die, die diese Entscheidung fällen.

Wir haben schon einige Male über ihre Studienfrage gesprochen und auch über ihren Olympiasieg und wie das ist, wenn plötzlich so viele Menschen auf einen achten und etwas von einem wissen wollen. Das ist ihr schon klar, daß ihre Studienbewerbung von öffentlichem Interesse ist.

Wissen Sie, die meinen im Grunde nämlich gar nicht mehr mich, sondern mich bloß stellvertretend für ihre eigenen Interessen. Und kritisiert werde ich auch noch.

Ulrike geht meistens nicht mehr selbst ans Telefon. Ihre Mutter schreibt einen Brief. »Wir wollten damals Ulrike endlich aus den Diskussionen herauslösen. Es ging doch gar nicht mehr so sehr um das eigentliche Problem, nämlich die Verbesserung der Zulassungsbestimmungen für Spitzensportler, sondern fast ausschließlich um Ulrikes Person; wie sie sich hätte entscheiden sollen und wie nicht und was für sie gut gewesen wäre und was nicht. Kurzum, es wurde schließlich und endlich an Ulrikes Verhalten Kritik geübt. Ich finde, wenn man höheren Ortes einer Person von Ulrikes Bekanntheitsgrad helfen will, dann muß man das tun, bevor deren Wünsche bzw. Anträge ins Räderwerk der Bürokratie gelangen. Ulrikes Ablehnung war in dem Moment besiegelt, als sie ihren Zulassungsantrag nach Dortmund abgeschickt hatte.« Als wir telefonieren, sagt sie: Gucken Sie heute abend doch mal Monitor an, da spricht Ulrike ihr Schlußwort.

Ulrikes Schlußwort über die Magazin-Sendung beginnt mit einem sechsfachen »Nein«. Nein, sie wolle kein Sonderfall mehr sein. Nein, sie wolle sich nicht zum Präzedenzfall machen lassen. Nein, sie werde kein Studienangebot aus München annehmen. Der Reporter stellt seine Fragen, und Ulrike antwortet mit »Nein«. Daß der Rest von Ulrikes Antwort nach der Aufnahme für die Sendung weggeschnitten wird, können die Zuschauer ebensowenig ahnen, wie Ulrike ahnen kann, daß die Herren vom Fernsehen so mit ihren Antworten umgehen würden.

Monitor hat den »Fall Meyfarth« locker-flockig als Posse angekündigt. Man weiß schließlich, was an diesem Abend verkauft werden soll. Das Problem in der öffentlichen Diskussion ist ja auch einigermaßen erschöpft.

Als die Sendung vorbei ist, denke ich, die spinnt, die Ulrike Meyfarth. Die rufst du jetzt sofort an und fragst sie, wie sie denn auf diesen Bolzen gekommen ist.

Vater Meyfarth ist am Telefon. Weil er sich über die Sendung gerade noch viel empfindlicher geärgert hat als ich, wirft er mich gleich wieder aus der Leitung.

Papi hat 'ne Stinkwut auf alle Journalisten. Sein Vorurteil

war ja auch gerade wieder mal bestätigt worden, sagt Ulrike später. Da hatte sie längst ihren Studienplatz bekommen. Im normalen Nachrückverfahren und nicht als Härtefall. Diese Feststellung ist ihr wichtig. Geschenkt hatte man ihr nichts. Und sie will auch nichts geschenkt.

*

Als Tiina Lillak aus Helsinki Weltmeisterin im Speerwerfen geworden war, trugen ihre begeisterten Landsleute nachts ein Plakat durch die Straßen von Helsinki: Tiina, lebensgroß, aus Pappe. Manchmal komme ich mir auch wie ein solches Plakat vor, das andere vor sich hertragen. Wenn es für den Sport ist oder wenn es einen Sieg zu feiern gibt, finde ich das schön. Oft soll meine sportliche Leistung aber lediglich Werbemittel für eine Überzeugung sein. Für die Emanzipation zum Beispiel oder für Aktionen wie »Sportler gegen Atomraketen« oder »Sportler für den Frieden«.

Viele verstehen nicht, daß ich dann »nein« sage und nicht mitmachen will. Sie sagen: Nun zier dich doch nicht so. Du bist doch sonst bei der Werbung auch nicht so zimperlich. Aber das ist ein falscher Vergleich. Wenn ich für einen Lippenstift oder für eine Automarke Werbung mache, weiß jeder, daß dieser Lippenstift oder dieses Auto für mich persönlich nicht unbedingt das Beste ist, was es auf dem Markt gibt. Man benutzt nur meinen Namen, um ein Produkt bekannt zu machen. Bei politischen Initiativen ist das in meinen Augen etwas anderes. Dort soll ich schließlich nicht als Meyfarth, Ulrike, Sportlerin aus Leverkusen, auftreten, sondern als Olympiasiegerin und Rekordlerin. Nicht meine Argumente sind gefragt, sondern mein Bekanntheitsgrad. Aber ein Weltrekord darf in einer politischen Diskussion kein Argument sein. Und darum will ich nicht mitmachen; jedenfalls nicht öffentlich!

Vor zwei Jahren ist ein Redakteur der Zeitung »Unsere Zeit« stundenlang bei mir gewesen und hat mich am Ende beschwatzt, einen Friedensappell zu unterschreiben. Natürlich bin ich für den Frieden, und ich bin auch gegen Atomraketen, aber ich muß zugeben, daß mein Wissensstand zu gering ist, um vor andere Menschen hintreten zu können und zu sagen: Dies ist der Weg, den wir gehen müssen. Das muß ich aber bei solchen Engagements. Die Vorstellungen und Argumente der kommunistischen Zeitung »Unsere Zeit« teilte ich auch nicht. Weil ich aber dort für ein sehr erstrebenswertes Ziel, den Frieden, einen Appell unterschrieben hatte, sollte ich plötzlich auch für ihre Ideologie geradestehen.

Wer ist denn nicht für den Frieden oder gegen die Atomraketen! Ich habe meine Meinung dazu, wie das eine möglicherweise zu erreichen und das andere vielleicht zu verhindern ist, aber ich habe soviel Zweifel, ob meine Meinung richtig ist, daß ich jedesmal erst wieder darüber nachdenken will und lesen muß, was andere, die schon mehr darüber nachgedacht haben als ich, dazu sagen. Meine Zweifel spielen aber keine Rolle in solchen Initiativen, eine Rolle spielt, daß ich über zwei Meter hoch springen kann und deshalb eine bekannte Sportlerin bin.

Das ist das Ärgerlichste und Unangenehmste an meinem Leben als »Person des öffentlichen Lebens«, wie es so schön heißt. Immerzu wird man gezwungen, sich zu rechtfertigen. Also, hören Sie mal, Sie sind doch auch für den Frieden. Oder: Sind Sie etwa nicht für die Emanzipation? Das höre ich, wenn ich es ablehne, bei einer Aktion mitzumachen, oder wenn ich zu einem bestimmten Thema keine Aussage machen will. Wenn ich erkläre, daß ich ein Ziel oder eine Aktion begrüße, mich aber trotzdem nicht öffentlich engagieren wolle, kommt todsicher die Frage: »Warum nicht?« Mit welchem Recht fragt man mich und besteht auf meinen Antworten? Brigitte Bardot mit ihrem Einsatz für die bedrohte Tierwelt und gegen die Pelzfabrikation ist ein Vorbild für mich. Doch für ein solches Engagement habe ich erst Zeit und Kraft, wenn meine Sportkarriere zu Ende ist. Dann wird mein Name aber wohl bald nicht mehr gefragt sein.

Eine Frauenzeitschrift machte einmal ein Interview mit mir. Thema: Was halten Sie von der Emanzipation? Ich erzählte, meiner Meinung nach müsse die Frau dem Mann rechtlich vollkommen gleichgestellt sein, es sei ferner ungerecht, wenn

Frauen für die gleiche Arbeit weniger Geld verdienen als Männer. Aber ich sagte auch, daß ich den Eindruck habe, manche Frauen könnten sich nicht mit ihrer Biologie abfinden. Sie müssen nun einmal Kinder austragen und diese erziehen. Ich bin heute noch froh über die Entscheidung meiner Mutter, zu Hause zu bleiben, um meinen Bruder und mich aufzuziehen, und auf eine Berufsausübung zu verzichten. Ich finde es ungerecht, wenn Frauen, die sich in der arbeitsteiligen Familiengemeinschaft für die Rolle als Hausfrau entschieden haben, von anderen Frauen deshalb schief angesehen werden. Innerhalb der geschlechtsspezifischen Konsequenzen gibt es für die Frauen genug Spielraum zur Selbstverwirklichung. Das Interview ist nie erschienen.

Die erste unliebsame Erfahrung machte ich im Sommer 1975, als der Streit über meine Zulassung zum Sportstudium losbrach. Jeder hatte eine feste, abgeschlossene Meinung über meinen Fall. Die Sportfans fanden es unmöglich, daß ich als Olympiasiegerin nicht Sport studieren durfte, weil mein Notenschnitt nicht ausreichend war. Andere fanden es unerhört, daß ich, bloß weil ich mal Olympiasiegerin geworden war, einen Studienplatz beanspruchte, der nach dem geltenden Auswahlverfahren anderen Schulabsolventen zustand. Und ich? Ich wußte eigentlich gar nicht mehr, worüber da eigentlich diskutiert wurde. Ich hatte gerade Abitur gemacht. Wie konnte ich den bildungspolitischen Argumenten der beiden streitenden Parteien standhalten? Ich konnte eben nicht. Die Argumente, die ich vorzubringen hatte, kamen mir in der allgemeinen Diskussion zwischen Politikern und Funktionären ziemlich belanglos vor. Wo ich ging und stand, wurde ich auf diesen Streit angesprochen, und ich hatte immer das Gefühl, daß die Leute hinter meinem Rücken sagten: Guck mal, da geht die doofe Meyfarth, die hat kein ordentliches Abitur gemacht – aber studieren wollen. Das klügste wäre es gewesen, wenn ich mich aus den Diskussionen um meine Studienzulassung herausgehalten und jede Stellungnahme abgelehnt hätte.

Vor der Bundestagswahl im März 1983 rief eine Zeitschrift an, um mich zu fragen, für welche Partei ich meine Stimme abgäbe. Meine Wahl sollte ich dann noch in einem Beitrag für die Zeitschrift erklären. Ich empfand das als Zumutung. Was ich hoffe, wovor ich Angst habe, was ich mir wünsche oder auch was ich wähle, wen geht das etwas an? Ich bin schließlich nicht nur eine »öffentliche Person«, ich bin auch ein Mensch, der sein Privatleben braucht – wie die vielen Menschen, die mich nach diesem Privatleben fragen. Als ich auf diese Weise erklärt hatte, daß ich nicht daran dächte, meine Entscheidung für eine Partei veröffentlichen zu lassen, sagte die Redakteurin der Zeitschrift, das sei prima, dann könnten sie ja mit mir eine Spalte machen, in der ich erkläre, warum ich es nicht verraten wolle. Was wollen die eigentlich? dachte ich.

Die meisten Menschen wollen ein Autogramm von mir, und das finde ich nicht nur in Ordnung, sondern sogar schön. Einige schreiben mir seit Jahren regelmäßig Briefe, in guten wie in schlechten Jahren, und verlangen nichts von mir, nicht einmal eine Antwort, und wenn ich ihre mir inzwischen schon bekannten Namen auf dem Absender sehe, freue ich mich aufrichtig. Ich will ja gar nicht vor der Öffentlichkeit davonlaufen oder Menschen zurückweisen, weil sie mich stören. Doch oft bleibt mir nichts anderes übrig. Aus Selbstschutz und weil ich mein eigenes Leben leben muß, mit meiner Familie, meinen Freunden, dem Sport.

Oft erreichen mich Briefe, in denen ich um Trainingstips gebeten werde, oder ich soll erzählen, wie meine Karriere verlaufen ist und warum gerade so, soll Ratschläge bei Sportverletzungen geben, Sportärzte empfehlen, für eine selbstgebaute Hochsprunganlage bei Sportverbänden werben. Ich kann das nicht alles beantworten. Es ist zuviel. Jetzt, im Winter, zehn bis zwanzig Briefe in der Woche und im Sommer sehr viel mehr. Wenn ich darüber nachdenke, bekümmert es mich, so viele Menschen enttäuschen zu müssen, weil es über meine Kräfte geht, ihren Wünschen nachzukommen. Es ist nicht schön, so oft »nein« sagen zu müssen. Darum denke ich nicht zu oft daran, verdränge es und hoffe, daß man es mir nicht nachträgt. Und trüge man es mir nach, so könnte ich es doch nicht ändern.

Dreimal bin ich inzwischen zur »Sportlerin des Jahres« gewählt worden, und ich bin jedesmal zur Ehrung gekommen und habe gesagt, daß ich mich über die Wahl freue, und das stimmte schließlich auch. Zwar habe ich jedesmal mindestens zwei wichtige Tage von meinem Wintertraining versäumt, aber ich finde, daß ich auch der Sportpresse gegenüber, die diese Wahl durchführt, gewisse Verpflichtungen habe. Ohne sie gäbe es für mich keine Öffentlichkeit, und ohne Öffentlichkeit könnte ich nicht so leben, wie ich lebe. Und doch habe ich den Schwimmweltmeister Michael Groß aus Offenbach nur zu gut verstanden, als er sich bei seiner Wahl 1982 geweigert hatte, zur Ehrung nach Berlin zu kommen. Ehrlich gesagt: Ich bewunderte ihn sogar in seiner Standhaftigkeit. Er war erst achtzehn und ging noch zur Schule, und ich dachte an den Rummel, den wir nach meinem Olympiasieg im Hause gehabt hatten. Michael Groß ist jedenfalls konsequenter, als ich es war, und ich kann verstehen, daß er sich verschließt; wahrscheinlich aus Sorge, von seinem Privatleben zuviel preisgeben zu müssen. Ich habe das bewundert, auch wenn man sich darüber streiten mag, ob er sich damals richtig verhalten oder die richtigen Argumente gebraucht hat.

Was wir Athleten mit dem Publikum teilen können, ist schließlich doch allein der Bereich, in dem sich unsere Erlebnisse berühren: der Sport. Über viele Briefe bin ich wirklich beglückt, weil ich in ihnen eine gewisse Bestätigung meiner Lebensweise und meiner Ziele erfahre und doch selbst nicht immer sicher bin, ob diese Art zu leben richtig ist, ob diese Ziele den Einsatz wert sind. Es ist für mich schön zu wissen, daß Menschen sich mit meinen Erfolgen identifizieren können, daß ich auch bei Mißerfolgen ihre Anteilnahme habe. Ganz einfach gesagt: daß ich ihnen Freude machen kann.

Wir klagen so oft über die zunehmende Angleichung in Lebensführung und Erlebnisbereichen in unserer Gesellschaft. Vielleicht haben wir Sportler hier eine Aufgabe, nämlich einigen Menschen die Möglichkeit zur Selbsterfahrung zu geben: durch Anteilnahme an unseren Wettkämpfen und – was noch wichtiger ist – den Anstoß zu geben, sich selbst sportlich zu betätigen.

XV. Kapitel
Einsichten

»Das Goldkind war ich jedenfalls nie.«

Ulrike sitzt an einem der Tische, die für die prominenten Gäste reserviert sind. Sie ist zum zweitenmal zur »Sportlerin des Jahres« gewählt worden. Tausend Glühbirnen streuen ihr Licht von der Decke des Ballsaales im Berliner Palais am Funkturm. Unter diesem Licht sind Farben, Bewegungen und Geräusche gedämpft, und alles scheint darunter miteinander verbunden zu sein. Obwohl sich mindestens zweitausend Menschen im Saal befinden, ist es sehr leicht, ganz für sich zu sein. Ulrike sieht abwechselnd sehr erwachsen und sehr jung aus.

Viele Sportstars vergangener Jahre sind eingeladen worden. Funktionäre sind da und Politiker, die öffentlich für den Sport eintreten. Alle kennen Ulrike. Sie hat sich ein freches, kurzes Kleid angezogen. Bei diesem Kleid braucht man sich keine Vorstellung davon zu machen, wie lang ihre Beine sind. Sie stecken in noch frecheren, schwarzen Strümpfen. Es gefällt ihr sehr, an diesem Abend so frech angezogen zu sein.

An Ulrikes Tisch erzählt Bubi Scholz von einer Zeit, in der Ulrike noch nicht auf der Welt war. Bubi Scholz hat jetzt graue Haare, aber er ist noch immer der Junge, der sich durchgeboxt hat, und wo er Platz nimmt, da sitzen die frühen fünfziger Jahre am Tisch, das zerstörte Berlin, Lebensmittelmarken, der Aufbau der Städte, die Überzeugung, daß man sein altes Leben bloß fest genug in die Hand nehmen muß, um ein neues daraus zu machen. Ulrike sitzt ein bißchen dabei und ein bißchen dazwischen. Wenn jemand an den Tisch kommt und sie begrüßt, verlangsamt sich die Konversation ein klein wenig.

Am Nebentisch sitzen Max Schmeling und Uwe Seeler. Bei ihnen ist es nicht viel anders als bei Bubi Scholz. Ihre Geschichten sind zu Geschichten einer Generation geworden. Und weil sie Erfolg gehabt hatten, zeigen sich in ihren Geschichten auch die Tugenden und die Sehnsüchte, die für die Menschen in einem bestimmten Zeitabschnitt Bedeutung gehabt hatten. Die Geschichten, die an diesem Abend erzählt werden, sind fast alles Geschichten vorbildlich gelebten Lebens. Lautere, klare, saubere Geschichten von überstandenen Prüfungen, überwundenen Versuchungen, angenommenen Herausforderungen. – »Es stand ja manches Mal wirklich auf der Kippe, aber im letzten Augenblick, irgendwie...« – Und ein Engel schwebt durch die Geschichten von bewahrten Zielen und verteidigten Werten. Möglicherweise haben Bubi Scholz oder Max Schmeling oder Uwe Seeler gar keine Chance gehabt, anders zu werden, wie sie jetzt sind. Ihre Wege sehen in der Rückschau trotz aller Beschwerlichkeit so eindeutig und unverfehlbar aus, daß die, die diese Wege zurückgelegt haben, beinahe etwas von ihrem Ruhm einbüßen.

Ulrike scheint sich in den vergangenen fünf Jahren mehr verändert zu haben als Max Schmeling in den vergangenen fünf Jahrzehnten. Sie hat nun auch schon so eine vollständige Geschichte. Es war ihr als jungem Mädchen mit dem Olympiasieg etwas geschenkt worden, und dann war es ihr wieder weggenommen worden, und sie hatte plötzlich weniger als je zuvor. Zehn Jahre hat sie gebraucht, um es sich zurückzuholen, und da es ihr nun wieder gehört, hat sie plötzlich mehr, als sie je zuvor gehabt hat. Es ist eine angenehme und beruhigende Geschichte. Wie Ulrike zwischen den Sportstars der alten Zeit und den Funktionären und Politikern sitzt und abwechselnd sehr erwachsen und sehr jung aussieht, scheint es gar keine wahre Geschichte zu sein; auch wenn sie sich so ereignet hat.

Bubi Scholz bringt Ulrike hin und wieder zum Lachen, obwohl er von einer Zeit erzählt, in der sie noch nicht auf der Welt gewesen war. Wenn sie lacht, fällt einem an diesem Abend sehr leicht ihr Olympiasieg von damals ein. Wo Ulrike Platz nimmt, sitzt immer das Glück mit am Tisch, das die Unbefangenen liebt... als wäre mit dem Olympiasieg in Ulrike ein Augenblick zur Ewigkeit geworden.

Manchmal sagen Menschen, die Ulrike nicht weiter kennen, die hat sich aber verändert seit damals, und andere sagen, nun ist das mit ihrem Olympiasieg schon über zehn Jahre her, aber verändert hat die sich überhaupt nicht. Jedesmal stimme ich zu, und das heißt natürlich, daß ich jedesmal ebensogut widersprechen könnte. Das würde jedoch bloß Verwirrung stiften, und ich weiß es ja selber nicht. Vielleicht stellen wir uns unter Veränderung zuviel vor.

Beim Hochsprung ist das ganz eindeutig: 192 – 195 – 200 Zentimeter. Wenn die Leistung wachsen soll, muß der Mensch mitwachsen. Manchmal ist es auch genau umgekehrt. Die Leistung nimmt ab, weil einer gewachsen ist und dann merkt, daß es ihm auf die Leistung, die so lange wichtig für ihn gewesen ist, nicht mehr ankommt.

Manchmal, wenn wir über Veränderungen sprechen und über die Rolle, die der Sport oder die Goldmedaille von München gespielt haben, sagt Ulrike: Also, wer sich zwischen sechzehn und sechsundzwanzig nicht verändert, dem ist nicht zu helfen, der verändert sich nie. Das ist so ein Satz, über den es sich beinahe nicht nachzudenken lohnt. Und wen gehen diese Veränderungen von einem selbst schon groß etwas an? Das gibt es ja, Menschen, die so sehr auf ihre eigene Entwicklung schauen, daß sie ihr Leben gar nicht mehr wahrnehmen. Und dann?

Und dann, sagt Ulrike, will ich vor allem mein eigenes Leben leben.

Das gelingt ihr wieder. Soviel läßt sich sagen: Sie hat ihre Unbefangenheit zurückgewonnen. Ihre Unbefangenheit zu sich selbst als »öffentliche Person«. Da sitzt sie nach einem Wettkampf im Gras, umringt von Reportern, Zuschauern, und erzählt von ihren überstandenen Ängsten und Schmerzen, schwatzt, albert, folgt einem nachdenklichen Gedankengang, kokettiert, pflaumt alte Bekannte an, indem sie ihnen vorhält, was sie mal über sie gesagt haben und was gerade von ihr im Wettkampf widerlegt worden ist. Oder aber sie steht in einem gleichen Kreis, und das Gesicht hängt ihr bis zu den Fußspitzen herab, und sie gibt Antworten, die so knapp sind wie die besten Sätze von Hemingway und so leer wie die festlichsten Politikeransprachen. Wenn ein Reporter dann Pech hat, kann es sein, daß sie ihm antwortet, was er da gerade gefragt habe, das habe schon hundertmal in der Zeitung gestanden. Manche sagen dann, Ulrike sei unhöflich oder – im ersten Fall – sie sei souverän. Ich ziehe es vor, sie unbefangen zu nennen.

Im Saal geht die Sportlerehrung vor sich. Der Moderator fragt Ulrike taktvoll und freundlich aus: Wie sie das fände, schon wieder Sportlerin des Jahres geworden zu sein, ihre Wünsche, ihre Vorstellungen von der Zukunft. Mitunter wirkt Ulrike in solchen Interviews wie ein sehr junges Mädchen. Sie versucht ebenso taktvoll wie freundlich zu sein. Nicht, daß ihr das grundsätzlich schwerfällt, aber so zu sein, wie man glaubt, daß es alle von einem erwarten, ist doch etwas anderes.

Die Fechterin Cornelia Hanisch ist wie im Jahr zuvor Zweite bei der Abstimmung geworden. Ulrike erzählt, daß die Wahl diesmal für sie schöner ist, denn im letzten Jahr habe man sie doch nur gewählt, weil keine andere zum Wählen dagewesen sei. Cornelia Hanisch war da immerhin Weltmeisterin gewesen. Ihre Anhänger sagen später: Diese blöde Meyfarth, was die sich einbildet. Ulrike will aber bloß die Tatsache herunterspielen, daß sie schon das zweitemal gewählt worden ist, aber an Cornelia Hanisch hat sie dabei nicht gedacht.

Später, beim Essen, kommt immer wieder jemand, um sich ein Autogramm von ihr zu holen. Manchmal sieht Ulrike gar nicht auf, wenn sie erklärt, derjenige solle später wiederkommen. Immer wieder werden ihr Bilder oder Albumseiten so ergeben hingehalten, als würde ihre Unterschrift darauf die Erfüllung eines großen Wunsches besiegeln. Mitunter macht ihr Filzstift dann bloß ein paar widerwillige Schleifen, bis so etwas wie »Ulrike Meyfarth« auf dem Papier steht, und der Augenblick, in dem sie auf einem Gesicht voller Erwartung ein Lächeln anzünden könnte, entgeht ihr. Dann sieht sie wieder wie das zu groß geratene Mädchen aus, das nach seinem Olympiasieg im Gras des Olympiastadions sitzt und sich die Schuhe schnürt und auf die erste Fernseheinladung seines Lebens ohne hochzuschauen sagt: »Ist gut.« Manchmal zeichnet sie auch ein Strichmännchen, das über die Hochsprunglatte fliegt, unter ihren Namen, und das paßt genausogut zu der Sechzehnjährigen, die damals Olympiasiegerin geworden war.

Bei einem Sportfest oder irgendeinem Fest, auf das sie geladen worden ist, sieht man sie zwischen den Menschen stehen. Man kennt sich, aber meistens gibt es nicht viel zu reden. Weil man sich kennt, redet man dann irgendwas. Sätze wie: Was macht denn der Rücken, Sie hatten im Winter doch soviel Rückenbeschwerden, oder war es das Knie? Oder: Ist der Olympiasieg von damals eigentlich immer noch Teil Ihrer Realität? Oder: Machen Sie schon wieder zwölf Trainingseinheiten pro Woche? Man weiß dann schon, daß dieses Gespräch nie zu Ende geführt wird.

Ulrike geht dann oft einfach weg, weil ihr die Spielregel nicht einleuchtet. Vielleicht wird sie dieses Spiel niemals richtig lernen. Und wer weiß das schon, ob es besser ist, das zu lernen oder nicht mitspielen zu können.

*

Auf einmal war ich das Goldkind. Was soll das eigentlich sein, ein Goldkind? Für meine Familie und meine Freunde bin ich jedenfalls keins.

Seit meinem Olympiasieg hat mich das Bild des Goldmädchens verfolgt. Am Anfang dachte ich, jetzt mußt du allen Menschen gefallen. Ein normaler Mensch käme nie auf die Idee, daß er aller Welt gefallen muß. Freundlich soll das Goldkind sein, geduldig, immer schön lieb, nett und niemals launenhaft, selbstsicher, aber bescheiden, klug, aber nicht vorlaut. Ich war noch nicht einmal siebzehn und hatte viel Zeit, so ein Goldmädchen zu werden. Doch ich glaube, wenn es einen solchen Menschen wirklich geben sollte, dann müßte er vor Tugendhaftigkeit mit geschlossenen Augen durch die Welt laufen.

Seit über zehn Jahren lese ich Artikel über mich selbst in den Zeitungen. Wenn ich Erfolg gehabt habe, lese ich von meiner Ausdauer und Zielstrebigkeit und wie ich die Rückschläge überwunden habe. Dann sehe ich mich häufig einem Bild von mir selbst gegenüber, vor dem ich nur die Augen niederschlagen kann, weil ich viel zu positiv dargestellt werde. So einen Super-Typ gibt's doch gar nicht. Und wenn es ihn gibt, so bin ich es jedenfalls nicht. Während der Jahre, in denen meine Leistungen nicht den Erwartungen entsprachen, und während des Streits um meine Zulassung zum Studium wurden mir meine Fehler vorgehalten: Ulrike macht dies falsch und das falsch und trainiert nicht richtig und ist zu pummelig und wird nicht fertig mit ihrem Erfolg. Daß nicht alles richtig war, was ich tat, wußte ich selbst, aber mitunter dachte ich auch: Also soviel Fehler auf einmal kannst du doch gar nicht gemacht haben.

Wie sollen wir uns auch richtig kennenlernen, die Menschen, die über mich schreiben, und ich? Wir treffen uns immer nur beim Sport, und fast immer ist die Leistung, die ich gerade gebracht habe, die Hauptsache oder doch der Anlaß, daß wir miteinander sprechen. Niemals haben wir Zeit genug füreinander, und wenn wir soviel Zeit hätten, um einander kennenzulernen, wäre in den Zeitungen nicht genug Platz, um es zu erzählen; oder nicht genug Sendezeit. Und so wichtig bin ich natürlich auch nicht, daß man mir soviel teuren Platz einräumt. Zum Glück. Es genügt, in seinem Freundeskreis gekannt zu sein. Doch wenn man versucht, sich selbst als Mensch an alle anderen Menschen, von denen man gekannt wird, weiterzugeben, ich glaube, dann bleibt von einem selbst nicht mehr viel übrig.

So versuche ich, meinen Frieden zu machen mit den vielen Bildern von mir, die mir vorgehalten werden. Bei der Vorstellung, einmal selbst über meine Freunde schreiben zu müssen, graust es mich, obwohl wir uns doch immerhin gut kennen. Wenn man über einen anderen Menschen schreibt, wird man bestimmt niemals fertig damit, weil es immer noch etwas zu sagen gibt oder etwas zu erklären.

Ich versuche, mich nicht zu ärgern oder enttäuscht zu sein, wenn etwas über mich in der Zeitung steht, das halb oder dreiviertel oder überhaupt nicht richtig ist. Es kann wohl nicht anders sein. Im Prinzip ist es ja auch schön, daß von mir Notiz genommen wird, daß ich meine Erfolge mit so vielen Menschen teilen und meine Freude vervielfachen kann. Außerdem bringt es mir allerhand Vorteile, die ich sonst nicht hätte. Doch manchmal erschrecke ich bei dem Gedanken, daß mich so viele Menschen zu kennen glauben und dabei ein ganz falsches Bild von mir haben.

Natürlich bin ich auch selbst für dieses Bild mitverantwortlich. In Interviews vor der Fernsehkamera zum Beispiel könnte ich versuchen, es zu korrigieren. Aber während dieser fünf oder zehn Minuten ist die Chance nicht besonders groß. Im Laufe der Jahre wiederholen sich die Fragen, die mir zu meiner Karriere und zu mir selbst gestellt werden, immer häufiger. Je länger ich als Spitzensportlerin in der Öffentlichkeit stehe, desto weniger neue Fragen kommen hinzu, und ich glaube, daß dies auch daran liegt, daß wir uns nur bis zu einem bestimmten Punkt kennenlernen können: die Menschen, die über mich berichten, und ich. Ich muß zugeben, daß mir das im Grunde ganz lieb ist. Weil die Fragen immer ähnlich sind und meistens dieselben Probleme berühren, bin ich inzwischen ganz gut auf die Antworten trainiert. Manche Antworten sind dann beinahe so automatisch wie ein lange eingeübter Bewegungsablauf beim Hochsprung. Das ist gut für mich, denn ich kann mich sicher fühlen. Hinter dieser Sicherheit kann ich mich verstecken und sehe einigermaßen souverän aus. Noch immer habe ich bei jedem Interview ein bißchen Angst, zuviel von mir selbst herzugeben. Wenn jeder alles von mir weiß, was habe ich dann noch für mich?

Nein, das Goldmädchen, das ich sein sollte, weil ich mit sechzehn eine Goldmedaille gewonnen hatte, bin ich nie gewesen. Und das Vorbild, das ich sein soll oder als das ich gelte?

Als Vorbild kann man ganz schön allein sein. Man darf eine Menge Dinge nicht tun, die für andere ganz selbstverständlich und auch angenehm sind, nur weil sie einem Vorbild nicht entsprechen. Oft spüre ich, wie Menschen von mir enttäuscht sind, weil ich Startgelder kassiere oder in der Werbung Geld verdiene. Für den Menschen, den sie in mir sehen wollen, gehört sich das nicht. Oder sie sind enttäuscht von mir, wenn sie hören, daß mein Sportstudium fast doppelt so lange gedauert hat wie bei anderen. Wenn ich mein Studium jedoch in den vorgesehenen acht Semestern durchgezogen hätte, würde es mich als Spitzensportlerin heute bestimmt nicht mehr geben, und über zwei Meter wäre ich schon gar nicht gesprungen. Weshalb soll ich das Geld nicht annehmen, das man mir bietet? Ich tue doch nichts Unrechtes oder Verwerfliches. Meine Rekorde und meinen Bekanntheitsgrad habe ich auch nicht umsonst bekommen. Und ich finde, es ist ein Unterschied, ob ich für Traubenzucker, Strümpfe oder eine Automarke werbe oder für Schnaps und Zigaretten. Das würde ich niemals tun, weil ich finde, daß ich es mir als Sportlerin nicht leisten kann und auch nicht leisten darf. Ich wehre mich ja gar nicht dagegen, als Vorbild hingestellt zu werden, es macht mich sogar stolz und froh, soviel Anerkennung zu bekommen, aber ich will kein falsches Vorbild sein. Nicht so eines, wo man den Menschen vor lauter Idealvorstellungen nicht mehr erkennt.

Man behauptet immer, Sport stärke den Charakter, er bilde Willenskraft und Ausdauer, erzöge zu Selbständigkeit, zu rationalem Handeln, fördere Selbstdisziplin, Geduld und das Gefühl für die eigenen Grenzen. Aber die Sportler und vor allem wir Spitzensportler sind doch nicht die Tugendbolde der Nation! In die Weltspitze vorzudringen ist inzwischen so schwer, daß man es ohne Egoismus gar nicht schaffen kann, und die Gefahr ist groß, daß man sich und seine Ziele für den Nabel der Welt hält und sich so egoistische Verhaltensweisen zulegt, daß sowohl das Gefühl für Menschen und ihre Probleme als auch die Hilfsbereitschaft anderen gegenüber zeitweise in Vergessenheit geraten. Und weil es üblich und durch den enormen Aufwand an Zeit und Kraft oft auch notwendig geworden ist, den persönlichen Einsatz im Sport durch soziale Begünstigungen oder Geld zu vergelten, sind wir immer in Gefahr, opportunistisch zu denken. Das geht nicht nur mir so. Und dann die Einseitigkeit: Sport, Sport, Sport. Und am Rande des Sports läuft das Weltgeschehen ab. Ich sehe das und sage mir: Für diese Sache müßtest du dich engagieren. Oder: Das darfst du aber nicht hinnehmen. Und ich verdränge es wieder oder schiebe mein Engagement auf für später. Ich will nicht mehr davon machen, als dran ist, doch als Hochspringerin bewege ich mich in einem Grenzbereich menschlicher Leistungsfähigkeit; einem von vielen und bestimmt nicht dem wichtigsten. Aber dieser Grenzbereich läßt keine oder nur sehr geringfügige Kompromisse zu, schon gar nicht, wenn ich die Grenze hinausschieben möchte – also Weltrekord springen will. Manchmal beneide ich Freunde. Was die alles tun können, wofür die Zeit haben, wofür die sich interessieren. Manches davon möchte ich auch und möchte es gerne sofort, doch ich muß es verschieben und mein Gewissen beruhigen mit dem Wort: »Aufgeschoben ist nicht aufgehoben.« Ich weiß nicht, ob ich so noch ein allgemeines gutes Vorbild sein kann. Aber soviel weiß ich: Ohne manche Eigenschaften und Handlungsweisen, die diesem Idealbild widersprechen, wäre ich nie wieder Weltrekord gesprungen. Und wenn ich nicht wieder Weltrekord gesprungen oder Europameisterin geworden wäre, dann wäre ich als Vorbild nicht mehr in Frage gekommen.

Meine Laufbahn als Athletin geht nun zu Ende, und ich frage mich manchmal: Was hat sie dir eigentlich gebracht? Oder: Wärst du ohne den Sport ein anderer Mensch geworden? Auf jeden Fall ist der Sport für mich eine ungeheuer komprimierte Erfahrung gewesen. Was ich in diesen zwölf Jahren an Freude und Enttäuschung, an Hoffnung und Mißerfolgen, an Zweifeln, Versuchen und Irrtümern kennengelernt habe, dazu hätte ich vielleicht sonst ein ganzes Leben gebraucht. Niemals hätte ich so viele Menschen kennengelernt, und vielleicht hätte ich auch nicht den Menschen so unmittelbar kennengelernt, der in mir selber ist und der mir manchmal sympathisch und teuer ist, den ich manchmal aber auch übersehen möchte, als würde ich ihn nicht kennen. Vielleicht habe ich durch den Sport ein bißchen gelernt, diesen Menschen zu akzeptieren, um damit auch all die anderen Menschen, die mich umgeben, besser akzeptieren zu können. Vielleicht ist es auch erst ein Anfang, und ich brauche noch ein ganzes Leben dazu, meine Erfahrungen durch den Sport zu verarbeiten.

Ein ganzes, sogenanntes »normales Leben«, auf das ich mich freue. Dann werde ich wieder zurückgezogener leben können, unbeobachtet von der Öffentlichkeit. Vielleicht werde ich es dann manchmal bedauern, daß diese Zeit vorbei ist und nicht mehr zurückkommen kann, aber diese Zeit spiegelt nicht das richtige Leben wider. Wie dieses »richtige Leben« sein soll, weiß wahrscheinlich niemand. Vielleicht wird es erst dadurch richtig, daß man es als sein Leben annimmt. Mein Sportlerleben habe ich jedoch immer nur als Ausnahmezustand angenommen. Eine Aufgabe auf Zeit. Und manchmal auch ein Glück auf Zeit.

Zwölf Jahre Hochleistungssport, in Los Angeles nun die vierten Olympischen Spiele in meiner Laufbahn, Rekorde, Siege, Ehrungen, Niederlagen. Die Welt, in der ich als aktive Athletin lebe, erscheint mir immer künstlicher. Ich werde älter und verändere mich, aber diese Sportwelt bleibt immer gleich. Es ist gut, daß das jetzt für mich zu Ende geht. Der eine Zentimeter, um den ich auch 1985 vielleicht noch einmal meine Leistungsgrenze hinausschieben könnte, ist nicht mehr wichtig. Man geht und geht immer weiter auf einem Weg, und auf einmal weiß man, daß der Weg zu Ende ist. Es gibt gar keinen eindeutigen, alles erklärenden Grund dafür. Die Reize sind bloß verbraucht, nichts lockt mehr oder treibt. So weit ist es für mich noch nicht, aber ich kann schon sehen, daß es nach den Olympischen Spielen in Los Angeles so sein wird.

Dieses eine Mal aber möchte ich doch noch mein großes olympisches Erlebnis nachholen. 1972 in München habe ich überhaupt nicht verstanden, was um mich herum geschah. Vier Jahre später in Montreal war mein Kopf noch immer wie vernagelt von dem Olympiasieg. 1980 in Moskau durften wir wegen des Olympia-Boykotts nicht starten, und ich bin froh, daß ich noch einmal Olympische Spiele erleben kann, auch wenn ich es mir bis zum Frühjahr 1983 noch nicht vorstellen konnte, so lange weiterzumachen. Immerhin hat Olympia mein Leben verändert. Mein Leben, aber nicht mich selbst. Der Sport hat mir gezeigt, daß ich die Ulrike Meyfarth, die ich bin, bleiben muß und nichts besser oder anders machen kann. Das ist eine gute Erfahrung, auch wenn ich so nie ein Goldkind werden kann.

XVI. Kapitel
Zum letzten Mal

»Meine vermeintliche Hauptrivalin in Los Angeles: Tamara Bykowa.«

Wieder ist ein Trainingstag vorbei. Der überfrorene Rasen der Sportanlage schimmert unter dem Flutlicht. Wenn ich kalte Füße habe, zieht mir die Kälte immer gleich bis in den Rücken hinauf, sagt Ulrike.

Es ist Januar. Das Olympiajahr hat begonnen. Dieses Jahr ist mindestens genauso wichtig für mich wie 1972, sagt sie. Nur, daß ich diesmal weiß, was zu Ende geht; damals habe ich überhaupt keine Ahnung gehabt, was gerade angefangen hatte.

In knapp zwei Monaten ist schon Frühlingsanfang. Und dann ist auch schon bald Sommer, sage ich.

Sommer.

Vielleicht kannst du ja auch hier wohnen bleiben.

Ich habe keine Ahnung, wie mein Leben dann aussehen wird. Aber ich habe bestimmt genug zu tun, um den Hochsprung nicht zu vermissen. Vielleicht muß ich auch für eine Weile erst mal nach Bayern.

Bayern ist doch auch ganz schön.

Das Training wird mir manchmal fehlen. Immer diese Spannung im Körper.

Auf der Laufbahn am Zaun trainieren Sprinterinnen Abläufe aus dem Startblock. Schon fertig, Uli? Ulrike winkt zurück. Aus der Turnhalle dröhnt Musik, der Aerobic-Kurs geht noch bis zum Frühjahr. Aus dem Untergeschoß blitzt uns der Lärm vom Fechttraining entgegen.

Vielleicht brauchst du ja auch nicht nach Bayern zu gehen, und hin und wieder trainieren kannst du hier sowieso.

Rita Wilden kommt auch immer noch, und Gisela Ellenberger oder Brigitte Koczelnik auch. Auf jeden Fall werde ich ein bißchen freier planen und mit meiner Zeit umgehen können, sagt Ulrike.

Unablässig rollt der Verkehr über die Autobahn, und wenn ein Zug vorüberfährt, zittert die Luft. Diese paar Schritte vom Trainingsplatz unter die Autobahn hindurch nach Hause. Ulrike geht schnell. Meine Füße werden überhaupt nicht warm. Und dann biegen wir schon in die Lötzener Straße ein. Die Trainingshalle leuchtet herüber, und ich überlege, ob das wirklich stimmt, daß diese Welt dort drüben trotz aller Drücke und Konflikte am Ende doch vor allem eine von Hoffnung und von Zuversicht bestimmte Welt ist.

Im Sport sind die Verhältnisse klarer und objektiver, sagt Ulrike. Zwei Meter sind zwei Meter, und die Leistung entscheidet über die Reihenfolge. Das wird anders sein für mich hinterher. Das ist für jeden anders. Sport ist da viel einfacher.

Denk nur an die Chancengleichheit im Spitzensport, sage ich.

Stimmt schon, antwortet Ulrike, gibt es auch nicht.

XVII. Kapitel
Schluß-Stück

»Nun fängt also mein neues Leben an.«

Auf einmal fangen wir furchtbar an zu lachen. Ein junges schwarzes Mädchen in Khakiuniform, ein blaues Barett auf dem Kopf, schaut mißtrauisch zu uns herüber. Sie gehört zu den Tausenden von Wachtposten, die diese Olympischen Spiele von Los Angeles so freundlich beschützen. Wir winken ihr zu. Sie kommt herüber, um sich ein Autogramm zu holen. Vor drei Stunden ist Ulrike Olympiasiegerin geworden. Die Goldmedaille baumelt noch von ihrem Hals. Ulrike hat die Goldmedaille vollkommen vergessen.

Weißt du noch? hatte ich begonnen, und Ulrike war augenblicklich in Gelächter ausgebrochen, weil das so komisch geklungen hatte. Als ob man sich eine sehr weit zurückliegende Geschichte in Erinnerung ruft. Der Januar lag eine Ewigkeit zurück. Seither hatte sich für sie nicht so furchtbar viel verändert. Ulrike sagte, das komische ist, daß auf einmal alles so normal ist.

Ich stimmte ihr zu, und dann sagte ich, aber eigentlich ist es gar nicht normal.

Es ist komisch, sagte Ulrike.

Wir stehen am Zaun vor dem Olympiastadion. Der Busfahrer wartet darauf, daß Ulrike endlich einsteigt, damit er sie ins olympische Dorf fahren kann. Im Stadion brennt noch das Flutlicht. Reinigungskolonnen fegen den Abfall zusammen. Die Athleten, die Zuschauer, die Reporter sind alle nach Hause gegangen. Nur die zur Dopingkontrolle ausgelosten Diskuswerfer stehen noch vor der Tür des medizinischen Labors und trinken Bier, um endlich ihre Urinprobe abliefern zu können.

Und nun? frage ich.
Nun ist es zu Ende, sagt Ulrike. Sie lacht wieder.
Ein großer Tag ist vorbei. Er hat ihr genau das gebracht, was sie sich gewünscht und worauf sie achtzehn Monate lang mit größter Konsequenz hingearbeitet hat.
Damals war es viel intensiver, sagt sie, ich meine das Erlebnis. Ich antworte, daß ich ihr das nicht glaube. Während sie darüber nachdenkt, scheint sie zu vergessen, daß da überhaupt etwas zum Nachdenken da ist.
Müde?
Ja.
Der Wettkampf hatte kaum mehr als zwei Stunden gedauert. Viel länger hatten Ulrikes Zweifel gedauert. Ihr Selbstvertrauen war gerade rechtzeitig zurückgekehrt.
Sara Simeoni steigt bei einsachtzig in den Wettkampf ein. Sie muß vor Ulrike springen. Wenn Ulrike die einsachtzig ausläßt, kann sie vielleicht einen kleinen psychologischen Vorteil gewinnen. Ulrike springt ebenfalls über einsachtzig. Ihr Sprung sieht nicht so gut aus wie der der Italienerin, die 1980 Olympiasiegerin wurde. Gerd Osenberg findet das nicht besorgniserregend: Die elegante Sara sieht bis einsfünfundneunzig immer glänzend aus, die ist eben eine Stilistin.
Ulrikes Anlauf ist so, wie Osenberg ihn sich für diesen Tag gewünscht hat: schnell, rhythmisch, kraftvoll – doch die Kraft sieht man nicht. Der Anlauf ist so leicht, wie er sein sollte.
In dem vergangenen Vierteljahr hatte es genug Gründe gegeben, sich um Ulrike Sorgen zu machen. Sie war glänzend aus dem Wintertraining gekommen, sie wollte sehr schnell eine große Höhe springen, um Selbstvertrauen zu gewinnen. Im Mai tat auf einmal das Knie weh. Also versuchte sie, ihr Knie zu schonen. Dabei belastete sie das Bein falsch, und die Waden wurden hart. Wenn sich die Wadenmuskulatur zusammenzieht, so daß man glaubt, lauter kleine schmerzhafte Knoten in der Wade zu haben, dann wird gleichzeitig die Achillessehne gestreckt. Der Mai war noch keine Woche alt, da hatte sich Ulrikes Achillessehne entzündet. Sie hatte noch nie etwas mit der Achillessehne gehabt und sagte, die Achillessehne sei unbe-

rechenbar. Wenn es sein muß, müssen sie mir eben Spritzen in die Sehne geben. Die Spritzen sind das vorletzte Mittel, das letzte sind Röntgenbestrahlungen.

Im Juli sah Ulrikes Arzt, Professor Krahl in Wattenscheid, keine andere Möglichkeit mehr, als zum letzten Mittel zu greifen. Die Entzündung war zwar abgeklungen, aber sie war immer wieder zurückgekommen. Ulrike hatte gerade einsvierundneunzig geschafft, und bei den Deutschen Meisterschaften hatte sie gegen Heike Redetzky verloren. Den fehlenden Meistertitel konnte sie verschmerzen.

Die Latte wird auf einseinundneunzig gelegt. Die Hälfte der Springerinnen scheidet bei dieser Höhe aus. Sara Simeoni sieht immer noch besser über der Latte aus als Ulrike. Vor Sara Simeoni haben sie im deutschen Lager alle einen Heidenrespekt. Der Respekt kommt auch daher, weil Ulrike in diesem Sommer noch keine überzeugende Leistung gezeigt hat.

Im Quartier der deutschen Leichtathleten, achtzig Kilometer vor Los Angeles auf dem Campus der Universität Irvine, ist Gerd Osenberg so ausgelassen, als wäre er Ulrikes großer Bruder. Sie ist im Training einsfünfundneunzig gesprungen, also sechs bis sieben Zentimeter unter ihren Möglichkeiten. Somit ist sie wieder für mehr als zwei Meter gut.

Als Ulrike am 27. Juli in Los Angeles ankam, sah sie nicht besonders fröhlich aus.

Was ist los? fragte ich.

Diese verdammte Sehne.

Wir schoben den Wagen mit ihren Koffern zum Bus, und ich beobachtete ihren Gang.

Sag mal, hinkst du?

Nun fang du auch noch an, Gespenster zu sehen.

Sara Simeoni reißt bei einssiebenundneunzig. Jetzt hat es Ulrike in der Hand. Wenn sie jetzt rüberkommt, muß die Simeoni schon zwei Meter springen, freut sich ein Illustriertenreporter, der um seine Titelgeschichte bangt. Ulrike reißt, und Sara Simeoni springt im ersten Versuch über zwei Meter.

Die Italienerin wirft Kußhände ins Publikum. Nun muß Ulrike nachspringen. Sie steht regungslos zum Anlauf, wie eingemauert in sich selbst. Dann überspringt auch Ulrike im ersten Versuch die zwei Meter. Die Sprünge von Sara Simeoni sind inzwischen nicht mehr besser als die Ulrikes. Ulrikes Jubel ist nur kurz, so kurz wie ihre Antworten sein können, wenn sie an etwas anderes denkt.

Sie springt auch zwei Meter zwei im ersten Versuch. Osenberg sagt, daß er außer ihrem Siegessprung von Athen, wo sie vor zwei Jahren Europameisterin wurde, noch nie so einen guten Sprung von ihr gesehen hat. Der Sprung sei mindestens zwei Meter fünf wert gewesen.

Als Ulrike von der Siegerehrung zurückkehrt, schließt sich augenblicklich ein fester Ring von Mikrofonen, Notizblöcken, Kameras um sie. Ulrikes Antworten sind nicht gerade besonders gründlich. Die Antworten müssen immer erst übersetzt werden, und Ulrike ist müde. Die mangelnde Ausführlichkeit fällt nicht sehr ins Gewicht. Jeder kennt ihre Geschichte, jeder weiß, was mit ihr los ist und was dieser Sieg für sie bedeutet.

Das Fernsehen kommt, der Rundfunk, eine Illustrierte, die ein Titelblatt machen will, ein Massenblatt, das ihr viel Geld dafür anbietet, etwas von ihrer Geschichte unter Ulrikes Namen veröffentlichen zu dürfen.

Sie haben mir zugesichert, daß sie mir den Text vorher zeigen, sagt Ulrike. Oft genug und aus guten Gründen haben sie das in der Vergangenheit nicht getan.

Du hast immer noch nicht gelernt, nein zu sagen, sage ich.

Sie lächelt gequält. Der Busfahrer, der sie ins olympische Dorf fahren will, hat schon einige Male den Motor aufheulen lassen.

Nun fängt also mein neues Leben an, sagt Ulrike. Der Satz steht so leer und alleine da wie der dottergelbe Vollmond über dem Stadion.

Jetzt geht der ganze Rummel von damals noch einmal von vorne los, sagt sie.

Angst?

Sie schüttelt den Kopf und klettert nun langsam in den Bus, die Goldmedaille um den Hals. Zwölf Jahre sind vergangen, seit damals ein blinder Griff des Schicksals ihr Leben aus der

sicheren Mitte zwischen all den anderen Menschen herausgehoben hat.

Und nun, frage ich, ist deine Geschichte jetzt zu Ende?

Klar, antwortet Ulrike. Sie steigt ein und winkt noch mal und sieht auf einmal sehr fröhlich aus, weil sie weiß, daß das nicht stimmt.

Rückblick. Es ist Januar 1984.
Ulrike hat ihre Geschichte zu Ende geschrieben. Ihre Geschichte ist jetzt ein Packen Papier auf dem Schreibtisch. Ich kann einfach nicht immer daran denken, daß ich das alles jetzt zum letztenmal mache. Wenn ich so an die anderen denke, die damals in München auch Olympiasieger geworden sind, dann wundere ich mich, daß ich noch aktiv bin. Und dann denke ich plötzlich, ich bin ja noch immer jung.

Sie läßt den Packen Papier durch ihre Hände gleiten. Diese alten Geschichten alle, was?

Ich sage darauf nichts, und Ulrike sagt, was man wohl alles mitnimmt daraus. Konkretes wahrscheinlich nicht. Ich bin gespannt.

Sie schaltet die Schreibtischlampe ein, weil sie alles noch einmal durchlesen möchte. Und ich hole mir noch einmal das Buch von Thornton Wilder, aber der ist natürlich viel zu klug, um eine Antwort auf die Frage zu geben, ob das Leben Schicksal oder Fügung ist. Und weil ich das Buch schon mindestens dreimal gelesen habe, lege ich es nach einer Weile wieder weg.

Ulrike liest noch. Wenn sie vor dem Schreibtisch sitzt, sieht sie wirklich nicht mehr so groß aus. Ich würde gerne wissen, was sie gerade in ihrer Geschichte für Erfahrungen macht. Da dreht sie sich herum und sagt: Weißt du, manchmal denke ich, jetzt ist es bald zu Ende. Nächstes Jahr um diese Zeit – und dann bin ich doch ein bißchen traurig. Aber dann denke ich sofort, eigentlich fängt mein Leben jetzt erst richtig an, und dann bin ich froh.

Froh, worüber? Daß es jetzt vorbei ist oder daß endlich etwas Neues anfängt?

Ulrike sagt: Vor allem, daß es so gewesen ist.

Erfolgskurve

Jahr	Bestleistung	Erfolge	Konkurrentinnen
1971	1,80	EM (Qualif. 1,68), DM 2., DJM 1.	EM 1. Gusenbauer (1,87), 9. Simeoni (1,78)
1972	1,92 WR (eg)	OS 1., DM 3., DJM 1.	OS 6. Simeoni (1,85), 7. Witschas (1,85)
1973	1,83	DM 1., EJM 2.	
1974	1,85	EM 7. (1,83), DM 2.	EM 1. Witschas (1,95), 3. Simeoni (1,89)
1975	1,92 DR (eg)	EP 2. (1,90), DM 1.	EP 1. Ackermann–Witschas (1,93)
1976	1,90	OS (Qualif. 1,78), DM 3., EHM 2., DHM 1.	OS 1. Ackermann (1,93), 2. Simeoni (1,91)
1977	1,83	DM 7.	
1978	1,95 DR	EM 5. (1,91), DM 2., DHM 3.	EM 1. Simeoni (2,01, WR), 2. Ackermann (1,99), 3. Holzapfel (1,95)
1979	1,92	DM 1., EHM 3., DHM 1.	
1980	1,94	DM 1., EHM 11.	OS 1. Simeoni (1,97), 4. Ackermann (1,91), 9. Bykowa (1,88)
1981	1,96 DR	WP 1., EP 1., DM 1., EHM 4., DHM 1.	
1982	2,02 WR	EM 1., DM 1., EHM 1.	EM 2. Bykowa (1,98), 3. Simeoni (1,98)
1983	2,03 WR	WM 2., EP 1., DM 1.	WM 1. Bykowa (2,01), EP 2. Bykowa (2,03, WR eg)
1984	2,02	OS 1., DM 2., EHM 1.	OS 2. Simeoni (2,00)

Abkürzungen: OS = Olympische Spiele, WM = Weltmeisterschaft, EM = Europameisterschaft, WP = Weltpokal, EP = Europapokal, DM = Deutsche Meisterschaft, EHM = Europäische Hallen-Meisterschaft, DHM = Deutsche Hallen-Meisterschaft, EJM = Europäische Junioren-Meisterschaft, DJM = Deutsche Jugend-Meisterschaft, WR = Weltrekord, DR = Deutscher Rekord, eg = egalisiert.

Weltrekord-Entwicklung

1,65 m	Jean Shiley (USA)	7. 8.32	Los Angeles
1,65 m	Mildred Didrikson (USA)	7. 8.32	Los Angeles
1,66 m	Dorothy Odam (GB)	29. 5.39	Brentwood
	Esther van Heerden (Südafrika)	29. 3.41	Stellenbosch
1,71 m	Fanny Blankers-Koen (Holland)	30. 5.43	Amsterdam
1,72 m	Sheila Lerwill (GB)	7. 7.51	London
1,73 m	Alexandra Tschudina (UdSSR)	22. 5.54	Kiew
1,74 m	Thelma Hopkins (GB)	5. 6.56	Belfast
1,75 m	Jolanda Balas (Rumänien)	14. 7.56	Bukarest
1,76 m	Mildred McDaniel (USA)	1.12.56	Melbourne
	Jolanda Balas	13.10.57	Bukarest
1,77 m	Cheng Feng-jung (China)	17.10.57	Peking
1,78 m	Jolanda Balas	7. 6.58	Bukarest
1,80 m	Jolanda Balas	22. 6.58	Cluj
1,81 m	Jolanda Balas	31. 7.58	Polana Stalin
1,82 m	Jolanda Balas	4.10.58	Bukarest
1,83 m	Jolanda Balas	18.10.58	Bukarest
1,84 m	Jolanda Balas	21. 9.59	Bukarest
1,85 m	Jolanda Balas	6. 6.60	Bukarest
1,86 m	Jolanda Balas	10. 7.60	Bukarest
1,87 m	Jolanda Balas	15. 4.61	Bukarest
1,88 m	Jolanda Balas	18. 6.61	Warschau
1,90 m	Jolanda Balas	8. 7.61	Budapest
1,91 m	Jolanda Balas	16. 7.61	Sofia
1,92 m	Ilona Gusenbauer (Österreich)	4. 9.71	Wien
1,92 m	Ulrike Meyfarth (Leverkusen)	4. 9.72	München
1,94 m	Jordanka Blagojewa (Bulgarien)	24. 9.72	Zagreb
1,94 m	Rosemarie Witschas (DDR)	25. 8.74	Ost-Berlin
1,95 m	Rosemarie Witschas	8. 9.74	Rom
1,96 m	Rosemarie Witschas-Ackermann	8. 5.76	Dresden
1,97 m	Rosemarie Ackermann	14. 8.77	Helsinki
2,00 m	Rosemarie Ackermann	26. 8.77	Berlin
2,01 m	Sara Simeoni (Italien)	4. 8.78	Brescia
2,01 m	Sara Simeoni	31. 8.78	Prag
2,02 m	Ulrike Meyfarth (Leverkusen)	8. 9.82	Athen
2,03 m	Ulrike Meyfarth	21. 8.83	London
	Tamara Bykowa (UdSSR)	21. 8.83	London
2,04 m	Tamara Bykowa	25. 8.83	Pisa
2,05 m	Tamara Bykowa	23. 6.84	Kiew
2,07 m	Ludmilla Andonowa (Bulgarien)	20. 7.84	Ost-Berlin

672 Seiten im Großformat 23 x 30 cm, über 1.150 Abbildungen, über 800 Tabellen, gebunden mit Schutzumschlag im Schuber. (Vorzugsausgabe in Leder 298,– DM.)

98,–